Alexander der Große
Ein Weltreich zwischen Orient und Okzident

Das berühmte Mosaik der „Alexanderschlacht" bei Issos 333 v. Chr. aus der Casa del Fauno in Pompeji (heute im Museo Nazionale Archeologico in Neapel).

Pedro Barceló

Julian Degen

Jörg Fündling

Johannes Hahn

Hilmar Klinkott

Moritz Penshorn

Michael Sommer

Holger Sonnabend

Gregor Weber

Hans-Ulrich Wiemer

Alexander der Große

Ein Weltreich zwischen Orient und Okzident

Herausgegeben
in Zusammenarbeit
mit DAMALS –
Das Magazin
für Geschichte

wbg Theiss

HERDER 46

FREIBURG · BASEL · WIEN

wbg Theiss ist ein Imprint der Verlag Herder GmbH

© Verlag Herder GmbH, Freiburg im Breisgau 2025
Hermann-Herder-Str. 4, 79104 Freiburg
Alle Rechte vorbehalten
www.herder.de

Bei Fragen zur Produktsicherheit wenden Sie sich an
produktsicherheit@herder.de

Layout, Satz und Prepess: schreiberVIS, Seeheim
Umschlaggestaltung: Verlag Herder
Umschlagmotiv: Mosaik der „Alexanderschlacht".
© akg-images
Lektorat: German Neundorfer / Daniel Zimmermann
Herstellung: GGP Media GmbH, Pößneck

Printed in Germany

ISBN Print: 978-3-534-61099-0

Einer der ganz Großen der Geschichte

Der Wahlspruch Alexanders des Großen lautete: „Stets der Beste sein und die anderen übertreffen." Wirft man auch nur einen flüchtigen Blick auf seine Biographie, muss man neidlos anerkennen: Ja, das ist ihm gelungen. Als er mit nur 32 Jahren starb, hatte er ein Reich erobert, das Teile Europas, Afrikas und Asiens einschloss – es reichte von Griechenland bis zum Indus. Auch die Urteile über Alexander bewegten sich immer in Extremen: idealer Herrscher oder psychopathischer Despot, weitblickender Staatsgründer oder skrupelloser Kolonisator?

In diesem Band schauen wir genauer hin. Namhafte Experten der Antike stellen in zehn Kapiteln nicht nur Alexanders Leben, seine Eroberungen und sein Weltreich vor, sie blicken auch auf die Vorgeschichte und das politische und kulturelle Erbe des Makedonenkönigs.

Für den Urknall, der zur rasanten Ausdehnung des makedonischen Reichs führte, sorgte bereits Philipp II., der Vater von Alexander, als er 357 v. Chr. die Grenzen Makedoniens sprengte und begann, ganz Griechenland zu unterwerfen.

Einer der größten Denker der Antike, Alexanders Hauslehrer Aristoteles, formte den künftigen Weltenherrscher. Eine Konstellation wie aus einem Epos, aber real. Allerdings hat der Umstand, dass die Autoren, die uns von Alexander berichten, oft Jahrhunderte nach den Ereignissen lebten, immer wieder für Diskussionen gesorgt, wo die Grenze zwischen Fakten und Fiktion liegt. Schon Alexander selbst strickte mit Vergleichen aus der Welt Homers und der Mythologie – seine Ideale waren Achill und Herakles – Legenden um seine Person.

Persien, den Erzfeind der Griechen, galt es zu unterwerfen. „Drei, drei, drei / bei Issos Keilerei" – spätestens mit der Schlacht im Süden der heutigen Türkei 333 v. Chr., bei der Alexander den Perserkönig Dareios III. besiegte, nahm der erfolgreichste Feldzug der Geschichte Fahrt auf.

Nach seiner Begegnung mit dem Orakel von Siwa war Alexander Persien schon zu klein geworden, er sah sich zur Weltherrschaft berufen. In den folgenden Jahren besiegte er bei seinem Marsch nach Osten ein Reich nach dem anderen. Drei Kapitel dieses Bandes zeigen, wie Alexander sein Weltreich errang und sicherte.

Beim administrativen Aufbau in den eroberten Gebieten – er gründete Dutzende von Städten – setzte er nicht nur auf seine verdienten Makedonen, er gab auch wieder Macht an die örtlichen Eliten ab. Und schließlich verband er sich durch seine Hochzeit 327 v. Chr. mit Roxane aus dem baktrischen Adel selbst mit den neuen Untergebenen.

Doch Alexander konnte auch anders. Wer Widerstand gegen die Unterwerfung leistete, wurde brutal bestraft, versklavt oder getötet. Im entsprechenden Kapitel dieses Bandes wird dies als Alexanders „Strategie des Terrors" bezeichnet.

An einen Endpunkt gelangte der Alexanderzug an der Grenze zum antiken Indien am Indus. Er hatte nun Regionen erreicht, von denen man in Griechenland nur ganz vage Vorstellungen gehabt hatte. Alexander selbst wähnte sich am Ende der Welt. Amazonen sollten hier leben und hundsköpfige Menschen. Beides fand man nicht – und die makedonischen Soldaten hatten nach elf Jahren Krieg genug, sie wollten umkehren.

Alexander starb, wie der Held Achill, in der Blüte seines Lebens. Ein Kapitel in diesem Band spürt dem mysteriösen Tod des Makedonen im Juni 323 v. Chr. in Babylon nach.

Seine mächtigsten Gefolgsleute, die Diadochen, rangen um die Nachfolge, schließlich sicherte sich jeder seinen Teil des Riesenreichs. Und in diesen neuen Territorien, besonders rund um das Mittelmeer, sollte es zu einer kulturellen Blütezeit und einer Mischung der Einflüsse aus Orient und Okzident kommen, die wir heute als Hellenismus kennen. Alexanders Traum, die griechische Kultur auf der ganzen Welt zu verbreiten, erfüllte sich somit in gewisser Weise nach seinem Tod.

Das Grab Alexanders soll in Ägypten liegen, es wird immer noch gesucht. Als übermenschliche Heldenfigur, der – ausgehend von den römischen Kaisern – auch in späteren Epochen zahllose Herrscher nacheifern wollten, ist Alexander der Große aber ohnehin unsterblich geworden.

Dr. Armin Kübler
Redakteur beim Geschichtsmagazin DAMALS

Philipp II. und der Aufstieg der Makedonen

Jörg Fündling

Makedonien – dank der historischen Entwicklungen bezeichnete der Name seit der klassischen Zeit den gesamten Ostteil jener Zone, in der sich die Balkanhalbinsel ins schmalere griechische Festland verengte – ist landschaftlich eine ebenso vielfältige wie kleinteilige Region, die schon während der Antike viel zu bieten hatte. Dennoch lag sie jahrhundertelang am Rand des Blickfelds, egal ob von der griechischen Poliswelt oder vom Reich der Perserkönige gesehen. Das änderte sich erst relativ spät – dann aber desto folgenreicher und mit immer höherer Geschwindigkeit, bis die makedonische Entwicklung zuletzt von der Adria bis zum Indus die vertraute Welt auf den Kopf stellte.

Wie im klassischen Griechenland weiter südlich trennen auch in Makedonien Gebirgszüge zahlreiche kleine und mittelgroße Täler, Becken und Hochebenen voneinander ab; sie wurden aus antiker Perspektive als Obermakedonien zusammengefasst. Zusätzlich hatten die großen und kleinen Flüsse Makedoniens mehrere Küstenbereiche mit Sediment aufgefüllt und weite Schwemmlandebenen entstehen lassen, von denen die größten beiderseits der gebirgigen Halbinsel Chalkidike lagen: am Thermaischen Golf im Westen und weiter östlich, als Grenzregion zu Thrakien, am Strymonischen Golf.

Aus der Sicht eines Seefahrers bildete Makedoniens Küste den ersten, besonders zerklüfteten Teil der langen Linie von Westen nach Osten, die am Hellespont endete, wo die Durchfahrt ins Schwarze Meer begann; der Landweg entlang der Küste durchs Gebiet der selbstbewussten thrakischen Fürsten war ein ganzes Stück mühsamer, während es für Schiffe, die nicht lieber quer durch die Ägäis von Insel zu Insel fuhren, einige gute Häfen entlang der Küste gab. Ökonomisch lohnte es sich, dort einzulaufen: Die fruchtbaren Ebenen Untermakedoniens eigneten sich in weiten Strecken zur Getreideproduktion oder wenigstens als Viehweide, auch wenn ein Großteil ihrer Erzeugnisse ins Landesinnere ging.

Goldstater Philipps II.: Die Vorderseite zeigt den griechischen Gott Apollon, die Rückseite einen Wagenlenker, der im Auftrag Philipps bei den Olympischen Spielen siegte.

Obermakedonien selbst mit seinem herberen Klima war stärker von Weidewirtschaft geprägt. Ähnlich wie in Thrakien warteten im Inneren der Berge große Metallvorkommen, die jedoch lange nur in kleinem Umfang abgebaut wurden – solange eine stabile Herrschaft über größere Landesteile fehlte, ließen sich Bergbau und Transport hier nur schlecht organisieren. Auch die Bevölkerung wuchs anfangs eher langsam, gerade wegen der zahlreichen Kleinkriege und Konflikte: Raubzüge zwischen den benachbarten Landschaften waren an der Tagesordnung.

Der sichtbarste Reichtum der gesamten Region bestand aber in ihren Wäldern, wie es sie besonders in Mittel- und Südgriechenland kaum noch gab. Im dichter besiedelten Süden der Halbinsel war Bauholz vom Pfahl bis zum Dachbalken inzwischen längst ein knappes Gut. Seit ab den 480er Jahren v.Chr.. der Bau spezialisierter Kriegs- und Transportschiffe zur neuen strategischen Waffe im Kampf um die Vorherrschaft rund um die Ägäis geworden war, entwickelten sich die Produkte der makedonischen Wälder – Planken, Harz und Pech, Masten und Spanten – zur Schlüsselressource, die mit jedem Jahrzehnt gefragter war.

Feste politische oder geografische Grenzen hatte Makedonien nicht. Im Nordwesten ging das Land fließend in die Region Paionien über, im Nordosten jenseits des Strymonischen Golfs unterschieden sich Thrakiens Gebirgslandschaften kaum von Obermakedonien. Nur im Westen bildete das hohe Pindosgebirge eine Barriere, hinter der Epirus unter der Herrschaft der Molosser und das Land der illyrischen Stämme lagen. Im Südwesten ließ das noch höhere Massiv des Olymp lediglich schmale Durchgänge nach Thessalien und damit nach Nordgriechenland.

Griechen oder Barbaren?

Kulturell gesehen war das Bild noch komplizierter, wenn man nicht die einfache Weltsicht eines Festlandsgriechen hatte. Der makedonische Königshof und mindestens ein Großteil seiner Untertanen spra-

chen in klassischer Zeit eindeutig einen griechischen Dialekt. Und nicht einmal die abstammungsbesessenen bis offen rassistischen Forscher der ersten Hälfte des 20. Jahrhunderts haben glaubhafte Trennlinien erfinden können. Die Lebensumstände in der Region waren weithin gleich, Mehrsprachigkeit zumindest bei Fürstenhäusern und Adelseliten die Regel, und wiederholte Herrschaftswechsel oder Eroberungen in jede Richtung sorgten auch biologisch für enge Verwandtschaften – von den zahllosen Eheallianzen auf höchster Ebene zu schweigen.

Aus griechischer Sicht wurde die Welt nach Norden hin immer exotischer. Schon das aristokratisch geprägte Thessalien mit seinen wenigen Städten wirkte für die Begriffe von Athenern oder Thebanern wie eine Zeitkapsel. Noch ein Stück nostalgischer oder – in Zeiten politischer Spannungen – primitiver nahm man die Makedonen wahr, und spätestens gleich hinter ihnen begann die Welt der Barbaren. Die griechischen Vorurteile „atmeten": In guten Zeiten hob man stark hervor, dass das makedonische Königshaus, die Dynastie der Argeaden, seine Anfänge fest in der griechischen Mythologie verankert hatte und spätestens im 4. Jahrhundert viel Geld ausgab, um die Teilhabe an der hellenischen Kultur durch Bauten, den Import von Luxuswaren, Wettkampfauftritte, Weihgaben in den gesamtgriechischen Heiligtümern oder das Anwerben kultureller Prominenz zu demonstrieren.

Nicht zuletzt dank dem starken Wohlstandsgefälle hielt sich in den Städten des Südens aber jederzeit die Herablassung gegenüber Makedonien, die auch dazu geführt hat, dass unsere Quellen für die Zeit vor Philipp II. so spärlich sind. Makedonien selbst hatte lange kein eigentliches Städtenetz: Die paar größeren Siedlungen im Besitz der Könige waren Residenzen, aber keine Wirtschafts-, Wissens- und Kulturzentren. Es gab zwar florierende Städte im Küstenbereich, doch sie waren meistens die Kolonien anderer und durchweg nicht in makedonischer Hand: Pydna, die Städte des Chalkidischen Bundes und das athenisch beanspruchte Amphipolis. Ausgerechnet durch sie lief aber der Handel mit Makedoniens Bodenschätzen – was bedeutete, dass ein Großteil der Profite dort hängenblieb. Wirtschaftlich gesehen stand die Region damit lange in einem Verhältnis zum Rest der griechischen Welt, das wir heute als kolonialistisch bezeichnen könnten.

Der Politikstil konnte unter solchen Bedingungen nicht an die Mechanismen einer griechischen Polis mit ihrer auf eine oder wenige Städte zentrierten Struktur, festen Institutionen und formalisierter Gesetzgebung erinnern. Je nach aktuellen Möglichkeiten und nach den Fähigkeiten des momentanen Herrschers wuchs oder schrumpfte der Aktionsradius von einem König zum anderen. Weite Teile „seines" Territoriums kontrollierte er nur locker, Han-

Griechen oder Barbaren?

delsverbindungen und Bündnisse konnten gefährlich kurzlebig ausfallen. Seine Autorität erbte er kaum, sondern musste sie zum Großteil persönlich erwerben und demonstrieren: als Streitschlichter und kluger Verhandler, als großzügiger Geschenkegeber (was den Adel an ihn band), als mitreißender Redner vor der Heeresversammlung, vor allem aber als Besitzer physischen Leistungsvermögens, das er auf der Jagd, bei Trinkgelagen, in Liebschaften, bei Strafexpeditionen und Eroberungszügen (im fließenden Übergang zu schlichten Plünderungen) regelmäßig zu demonstrieren hatte – immer in der ersten Reihe. Vor brachialen Herausforderungen seiner Autorität und dem Zwang, sie ebenso brachial zu beantworten, war der König nicht sicher; der hohe Adel, der seine Gefolgschaft bildete, beobachtete ihn ebenso genau wie die Konkurrenz und ließ sich seine Loyalität vergüten. Kriegsbeute war dafür die billigste Lösung, also war ein starker makedonischer König fast automatisch ein bedrohlicher Anrainer für die Nachbarvölker.

Eheallianzen halfen, die eigenwilligen Teile der makedonischen Einflusssphäre zusammenzuhalten und sich im besten Fall den Beistand auswärtiger Herrscherhäuser zu sichern, etwa aus Thessalien und Epirus. Mit der Zeit hatte sich offenbar eine Unterscheidung zwischen Nebenfrauen und der eigentlichen Königin herausgebildet; sie alle fungierten jedoch als Diplomatinnen, die ihre eigenen Familien, Ethnien und Herkunftsregionen mit den Interessen der Argeaden ab-

stimmten – wenn alles gut lief. Der jeweilige Nachfolger stammte zwar aus der Dynastie, aber durch die Polygamie gab es potenzielle Bewerber im Dutzend – und den König bestimmte die Heeresversammlung, nicht etwa ein festes Erbrecht, die Abstammung von der Hauptfrau oder eine Nachfolgeregelung des Vorgängers. Beobachter aus dem griechischen Süden konnten, wenn sie wollten, zu Hause Geschichten über einen Hof enthemmter und triebgesteuerter Primitivlinge komplett mit Haremsintrigen wie beim Perserkönig erzählen; die Wahrheit war deutlich weniger spektakulär.

Am Rand der großen Konflikte

Zu aggressiven Despoten fehlten den Makedonen bis tief ins 4. Jahrhundert v. Chr. schlicht der Handlungsspielraum. Über die internationale Politik waren sie schon dank der Handelsnetze orientiert, aber lange Zeit waren sie in fast jeder Hinsicht die Schwächeren. Vor einer Vereinnahmung ganz Untermakedoniens etwa durch athenische Siedler und Kaufleute rettete die Argeadenkönige gegen Ende des 5. Jahrhunderts wohl nur die persische Expansion: Thrakien war ab den 510er Jahren im Besitz des Großkönigs, der an die Nachbarn im Westen keine übertriebenen Forderungen stellte. Bis zu den unerwarteten persischen Niederlagen 480/79 v. Chr. blieb Makedonien ein zuverlässiger Vasallenstaat, schwenkte dann aber so elegant um, dass der siegreiche Hellenenbund dankbar auf die makedonischen Handelsgüter zurückgriff und nach Kriegsende nicht an eine Bestrafung dachte.

**Makedonische Phalanx.
Aquarell-Rekonstruktion
von Peter Connelly.**

Während die Perserkriege in den athenisch-spar-
tanischen Gegensatz übergingen, achteten die Ma-
kedonenherrscher darauf, ihre Zugehörigkeit zur
griechischen Welt zu demonstrieren. Ihre Palast-
bauten – oder später ein Gastaufenthalt des Euripides – waren Aushängeschilder hellenischer Kultur in
der Residenzstadt Pella und ihrer Vorgängerin Aigai (dem heutigen Vergina). Während des für beide Seiten verheerenden Peloponnesischen Krieges
betrieb Makedonien eine vorsichtige Schaukelpoli-
tik, um nicht (wie manche thrakischen Fürsten) Ziel
von Prestigekriegen oder Landnahmeversuchen zu
werden. Straßen und Festungen sicherten nun den
Weg landeinwärts. Die Bevölkerungszahl wuchs ste-
tig, was das Militärpotenzial der Könige steigerte – besonders ihre Kavallerie, deren Kern der Adel
bildete, war größer und weitaus besser als alles, was
Griechenland außerhalb Thessaliens sonst aufzubie-
ten hatte. Auch als nach der athenischen Niederlage 403 v. Chr. griechische Söldner in Mengen zu haben waren, vermied man klugerweise das Rekrutieren
von Gästen, die man vielleicht nie wieder losgewor-
den wäre. Und weiterhin wollte alle Welt makedoni-
sches Schiffbauholz.

In den unsicheren Verhältnissen des frühen
4. Jahrhunderts markierten kurzlebige Könige den
Niedergang der Dynastie. 393 v. Chr. griff ein Cou-
sin dritten Grades der letzten schwachen Herrscher,
Amyntas, nach der Macht über den winzigen Rest-
stand Makedoniens und kämpfte knapp ein Viertel-
jahrhundert lang ums politische Überleben. Amyntas
III. gelang es mal mit athenischer, mal mit spartani-
scher Rückendeckung, dass er nicht vom Chalkidischen Städtebund unter Führung Olynths oder von
einem anderen starken Nachbarn geschluckt wurde.
Längst war ein neuer Wettlauf um die Hegemonie in
Griechenland im Gang, weil Sparta nach seinem Sieg
durch die Manöver aller anderen unerwartet schnell
an Macht verlor, Athen sich teilweise erholte, ein
Kriegsherr in Thessalien jahrelang vor der Haustür
Makedoniens eine expansive Politik verfolgte und
das Perserreich die Konflikte bestmöglich schürte, um
vor griechischen Angriffen sicher zu sein.

Vorläufiger Gewinner im Machtkampf war Theben, das 371 mit einem vernichtenden Sieg in der
Schlacht bei Leuktra Sparta – wie sich zeigen sollte, für immer – aus dem Kreis der griechischen Großmächte verdrängte. Knapp ein Jahrzehnt lang do-
minierten die Thebaner die Politik – zur Verlegenheit
Makedoniens, das gleich viel Unheil zu befürchten
hatte, wenn es entweder die neue Hegemonialmacht

Olynth, Blick auf die Ausgrabungen.

verärgerte oder deren schwächeren Rivalen Athen, das Stütz-
punkte gleich vor der makedonischen Haustür hatte.

Dieses Dilemma prägte die frühen Jahre Philipps II. Entweder 383 oder 382 v. Chr. (die griechischen Methoden der Jahreszählung wechseln meistens im Sommer, daher die Unsicherheit) war er als
dritter – oder noch jüngerer – Sohn Amyntas' III. geboren worden und hatte damit nur ein Leben als einer von vielen rivalisierenden Prinzen in einem be-
drohten Königreich in Aussicht, wenn nicht gar ein
blutiges Ende in den üblichen Thronwirren oder le-
benslanges Exil. Auf Amyntas, der 370 starb, folgten nacheinander zwei seiner Söhne. Einer davon
schickte den jüngeren Bruder Philipp als Geisel für
Makedoniens Wohlverhalten – angeblich nach einem
langen Aufenthalt in derselben Funktion bei einem
illyrischen Stamm – vielleicht um 368 nach Theben,
wo Philipp mehrere Jahre blieb. Damit entging er
wiederholten Machtkämpfen in seiner Heimat, vor
allem aber fand er sich im damaligen Zentrum der
griechischen Politik wieder und sammelte eifrig Bildung, Kenntnisse und Kontakte. Als er zurückkehrte,
war er je nach Interpretation eine unschätzbare Hilfe oder eine unerwartete Gefahr für seinen Bruder,
König Perdikkas III., der energisch daran arbeitete,
den alten Einflussbereich der Dynastie zurückzuge-
winnen. Jedenfalls machte er sich in den Augen des

makedonischen Adels einen Namen als guter Kämpfer und Politiker – und das gerade noch rechtzeitig. Nach vielen erfolgreichen Feldzügen fiel Perdikkas 360 oder 359 in einer katastrophalen Niederlage gegen den Illyrerfürsten Bardylis, der Teile Obermakedoniens erobert hatte.

Von der Katastrophe zur Expansion

Wieder einmal drohte das Reich entweder erobert oder bestenfalls durch jahrelange Kriege zwischen den zahlreichen Mitgliedern des Königshauses geschwächt zu werden. In dieser Lage einigte sich Philipp mit den Frauen des Perdikkas und einem Teil der Aristokratie darauf, vorläufig die Regentschaft für den kleinen Königssohn Amyntas (IV.) zu übernehmen, auswärtige Unterstützer zu gewinnen und sämtliche Invasoren oder Thronprätendenten abzuwehren, hinzuhalten oder umzustimmen. Von hier an zeigten sich seine charakteristischen Stärken: hohe Intelligenz, ein Instinkt für das Riskante und dennoch Machbare, das Verfolgen mehrerer Alternativpläne zur gleichen Zeit und eine für die Zeitgenossen unerklärliche Fähigkeit, je nach Adressat verschiedenste Rollen so gut wie perfekt auszufüllen. Der raffinierte, beinahe verführerische Diplomat und Kulturkenner konnte sich ebenso gut als unberechenbarer Despot, als grobschlächtiges Kriegerideal oder als politischer Marionettenspieler geben. Skrupellos war er in jeder dieser Identitäten; ob er sich so sehr als makedonischster aller Makedonen verstand, wie er tat, oder ob er, wie später sein berühmtester Sohn, eher zwischen den Stühlen saß, bleibt Philipps Geheimnis.

Philippeion in Olympia, von Philipp II. von Makedonien nach dem Sieg bei Chaironeia 338 v. Chr. gestiftet. Im Innern ehemals Standbilder Alexanders des Großen und seiner Familie.

Die erste Herrschaftsphase war ein Spiel auf Zeit um das Überleben der Dynastie. Bedrohliche Nachbarstämme wurden mit Geld bestochen, Bardylis zusätzlich bei Laune gehalten, indem Philipp dessen Tochter oder Enkelin Audata heiratete. Rivalen um den Thron wurden entweder beseitigt oder verloren durch eine Politik des Ausgleichs mit Athen den gefährlichsten Unterstützer. Gleichzeitig begann der Regent aus den makedonischen Milizaufgeboten eine trainierte Fußarmee zu bilden. Deren erster Kriegserfolg kam schon 358, als Philipp die widerspenstigen Paionen besiegte. Noch im selben Jahr griff er Bardylis an, tötete ihn in der Schlacht und unterwarf Teile Illyriens. Die begeisterte Unterstützung von Adel und Heer war ihm danach sicher; sein Neffe Amyntas wurde allmählich in den Hintergrund gedrängt, der erfolgreiche Philipp war bald König statt Regent.

Auf charakteristische Weise konsolidierte er seine Neueroberungen, während er die Expansion fortsetzte und sein diplomatisches Netz weiter spannte. Vielleicht noch vor dem Sieg über Bardylis hatte er Philinna geheiratet, Mitglied der wichtigsten thessalischen Adelsfamilie; je nachdem versprach diese Ehe wertvolle Verbündete oder einen Vorwand zur Intervention im Süden. Nach dem Sieg war Philipp eine deutlich bessere Partie geworden und sicherte sich gegen 357 Olympias aus dem Königshaus von Epirus, die für die kommenden Jahrzehnte in die Rolle der Königin aufrückte – parallel konnte er ihren Bruder, den künftigen König von Epirus, an seinem Hof zum zuverlässigen Verbündeten erziehen.

Das wachsende makedonische Reich mit den neu integrierten Stämmen hatte schon jetzt mehr Bevölkerung und vor allem mehr mobilisierbare Kämpfer als jede einzelne griechische Macht – nur musste es seine technische und ökonomische Rückständigkeit ausgleichen. Philipp fehlten Handwerker, die Tausende Metallrüstungen für die übliche schwere Infanterie hätten herstellen können. Seine Idee war, die Infanterie leichter als griechische Hopliten (Schwerbewaffnete) ausrüsten zu lassen, dafür aber mit überlangen Spießen (den Sarissen). Makedonische Hopliten waren damit schneller und konnten aus weiterer Entfernung den Kampf aufnehmen, wenn eine Schlachtreihe (Phalanx) auf die andere traf; in Abstimmung mit der gefürchteten Reiterei und abgesichert von gut trainierten Leichtbewaffneten entstand mit der Zeit, was seitdem ungenau als „die Armee Alexanders des Großen" bezeichnet worden ist. Als faktische Berufskrieger waren ihre Mitglieder bald erfahrener als die meisten Söldner, geschweige denn Bürgersoldaten ei-

ner Polis. Noch dazu steckte Philipp, sobald er besser bei Kasse war, große Summen in Waffen, in die sonst kaum jemand investierte: Belagerungstechnik und die neuen, kostspieligen Wurfgeschütze. Zum Aufbau einer makedonischen Handels- und Kriegsflotte fehlten lediglich die Spezialisten – und brauchbare Häfen. Da die meisten Quelleninformationen von Philipps Erzfeinden in Athen stammen, wissen wir aber viel zu wenig über seine mit Abstand gefährlichste Waffe: die makedonische Diplomatie und andere Formen der „soft power".

Durchbruch zur Großmacht

Das Jahr 357 brachte Makedonien mit einem Schlag auf die große politische Landkarte. Eine intrigante Meisterleistung erlaubte Philipp die Eroberung der Küstenstadt Amphipolis, einer abtrünnigen athenischen Kolonie; kurz darauf nahm er an seiner Südgrenze mit Pydna den zweiten guten Hafen ein. Der Zugang zum Meer war geschaffen, um den Preis einer soliden Feindschaft mit Athen und den Städ-

ten des Chalkidischen Bundes. Im selben Jahr kam an der Grenze zu Thrakien noch die Siedlung Krenides dazu, die unter dem neuen Namen Philipp(o)i schnell zur Stadt heranwuchs – Philipp hatte damit die riesigen Gold- und Silbervorkommen des Pangaiongebirges in seiner Hand, vom Anstieg der Exportgewinne und Zolleinnahmen zu schweigen.

355 ergab sich durch einen der vielen schwelenden Konflikte die Chance, weiter südlich zu intervenieren: Philipp tat sich mit Theben zusammen (das seine Hegemonie seit 362 verloren hatte) und kämpfte gegen das mittelgriechische Phokis, dem Athen und Sparta Hilfe leisteten. Der Krieg zog sich jahrelang hin und war kostspielig, erlaubte es dem König aber, als Schutzmacht des Orakels von Delphi aufzutreten – und damit Prestige im restlichen Griechenland zu sammeln. Gleichzeitig griffen makedonische Truppen in die Machtkämpfe der thessalischen Adligen ein; schon 355/54 belagerte und zerstörte Philipp Pydnas Konkurrenz- und Nachbarstadt Methone, das mit Athen verbündet war.

Gleich zwei Konflikte über mehrere Jahre durchzuhalten und dabei die makedonische Monarchie auf allen Gebieten kohärenter und leistungsfähiger zu machen, ohne ihre wichtigsten Träger (den Adel und das reformierte Heer) zu verprellen, war ein Kraftakt. Philipp, der regelmäßig sein Leben riskierte und im Kampf vor Methone ein Auge verlor, verhinderte mit Diplomatie und Bestechungen eine Allianz alter und neuer Feinde, während Makedonien reicher und stärker wurde. 352 kapitulierten seine Gegner in Thessalien und erkannten ihn als Heerführer der thessalischen Armee an. Umgehend griff Philipp – jetzt auch in Nordgriechenland die herrschende Macht – den damals aktivsten Fürsten in Thrakien an, den athenischen Verbündeten Kersebleptes, und nahm ihm große Gebiete ab. 349 fiel sein Heer dann plötzlich in die Halbinsel Chalkidike ein. Jede Hilfe kam zu spät: 348 wurde die größte chalkidische Stadt Olynth nach langer Belagerung zerstört. Die gesamte Küste von Pyd-

na bis Westthrakien war damit makedonisch, eine alte Gefahr für Philipps Kernland beseitigt.

Athen, das zu spät reagiert hatte, stellte entsetzt fest, dass Philipp jetzt den Daumen auf der athenischen Lebensader hatte, dem Seeweg zum Getreide aus der heutigen Ukraine. Als 347/46 noch dazu die Phoker nach über acht Jahren den Krieg verloren, beschloss man in Attika, dass ein Ausgleich mit dem König die billigere Lösung war, schloss ein Bündnis und erkannte all seine Eroberungen seit 356 an.

Dieser „Philokratesfriede" war nur ein Waffenstillstand. Athen neigte nicht allein aus Erinnerungen an alte Glanzzeiten zu chauvinistischen Reflexen – ohne eine sichere Seeherrschaft in der Nordägäis blieb es permanent erpressbar. Umgekehrt wollte Philipp weiterhin eine dosiert aggressive Außenpolitik führen, während er sein neues Imperium integrierte, schon um seinen Adel mit Beute glücklich stimmen und seine Armee auf hohem Niveau halten zu können. Zum Unglück seiner Nachbarn war er nun mächtig genug, mehrere kleinere Kriege zugleich führen zu können. Theben, sein bisheriger Verbündeter, war nicht nur durch die Allianz mit Athen verärgert, sondern wusste auch, dass Philipp jetzt, wenn er wollte, nach Mittelgriechenland ausgreifen konnte. Geschenke und Aufmerksamkeiten hatten ihm überall Freunde gemacht. Selbst das Perserreich musste sich allmählich Sorgen machen und begann die antimakedonische Stimmung anzuheizen.

Expansion und Eskalation

Athen und Makedonien piesackten einander schon kurz nach dem Frieden mit Hingabe. Halonnesos in der Nordägäis wurde zum makedonischen Piratennest, Athen hetzte Kersebleptes auf Philipp – der sich 342/41 das Gebiet des Thrakers (samt den berühmten Silberminen) einverleibte und bei Feldzügen im Norden die Donau erreichte. An der griechischen Westküste unterstützten makedonische Truppen das verbündete Epirus – und hier wie anderswo beging Philipp den Fehler, durch allzu drohende Manöver seine Charmeoffensiven teilweise unwirksam zu machen. Seit etwa 342 baute Athen planmäßig ein antimakedonisches Bündnissystem auf; der berühmte Redner Demosthenes, der sich rückwirkend zum lebenslangen Hauptfeind Philipps stilisierte, warnte vor einer neuen, barbarischen Hegemonie über ganz Griechenland.

340 – 39 eskalierte die Lage zu einem Stellvertreterkrieg. Philipp, der weiter einen Ausgleich mit

Athen (zu seinen eigenen Konditionen) suchte, belagerte erfolglos die strategisch lebenswichtigen Küstenstädte Perinth und Byzantion an den Meerengen, die dank massiver athenischer Hilfe durchhielten. Statt von dort aus dem geschwächten Perserreich Land in Kleinasien wegzunehmen, wie er geplant hatte, kaperte die makedonische Flotte Ende 340 die athenischen Getreideschiffe (nun erklärte Athen den Krieg), und Philipp kassierte 339 auf einem Feldzug an der Donau die nächste schwere Niederlage. Erstmals seit Jahren schien er gefährlich verwundbar.

Die Einnahme eines makedonisch besetzten Hafens durch Theben und ein banaler Streit zwischen den Bundesmitgliedern des Heiligtums von Delphi führten in diesem Moment dazu, dass Philipp alles auf eine Karte setzte und mit seiner Armee in einen der wenigen Korridore nach Mittelgriechenland vorstieß. Um Athen und Theben formierte sich ein größeres Bündnis gegen ihn; Sparta blieb in seiner Isolation. Nach langen Kämpfen, die bei den Gegnern bereits für Kriegsmüdigkeit sorgten, brach Philipp im Frühsommer 338 nach Böotien durch und stand nur noch ein bis zwei Tage vor Theben. Die Entscheidungsschlacht von Chaironeia im August, bei der Philipps Sohn Alexander die makedonischen Reiter führte, machte den König auf einen Schlag zum Herrn ganz Griechenlands, dessen Zukunft in der Schwebe hing.

Der Sieger zeigte sich unerwartet diplomatisch. Er stiftete lieber Zwietracht zwischen den Gegnern, statt wie erwartet große Gebiete zu annektieren oder riesige Strafgelder zu fordern. Theben und Sparta mussten Verluste hinnehmen, Athen wurde dagegen beinahe umworben. In Korinth schlossen fast alle griechischen Mächte unter makedonischem Druck einen Friedens- und Bundesvertrag, der ihre Autonomie bestätigte, ihre Streitkräfte jedoch Philipp, dem König Makedoniens und Regenten Thessaliens auf Lebenszeit, als dem offiziellen Hegemon (Heerführer) des neuen Korinthischen Bundes unterstellte. Er garantierte den Frieden nach innen und ließ sich bald den Auftrag geben, Krieg gegen den persischen Großkönig zu führen. Seine Dominanz in Griechenland übertraf alles, was Athen oder Sparta jemals erreicht hatten.

Der Eingang zum großen Tumulus in der Königsnekropole von Aigai (heute Vergina).

Das plötzliche Ende

Die große Beute für die Makedonen sollte Persien liefern, gegen das 337 die Kämpfe begannen. Zur selben Zeit sorgte eine weitere Ehe Philipps mit Kleopatra, der Nichte des makedonischen Adligen Attalos, für ein offenes Zerwürfnis am Hof: Erstmals fühlte sich Philipps Frau Olympias in ihrer Spitzenrolle bedroht, während ihr jetzt neunzehnjähriger Sohn Alexander fürchtete, als mutmaßlicher Nachfolger hinter den Kindern der neuen Verbindung zurücktreten zu müssen, wenn Philipp – erst Mitte bis Ende vierzig, aber gesundheitlich mitgenommen – noch ein oder zwei Jahrzehnte weiterherrschen sollte. Lange würde er seine Schlachten nicht mehr persönlich in der ersten Reihe schlagen können. Alexanders Temperament und sein Profilierungsbedürfnis verlangten gleichermaßen, dass er so schnell wie möglich eine Führungsrolle mit spektakulären Kriegserfolgen übernahm – ob für oder gegen Philipp. Der König selbst hatte wohl mehr die riesige Aufgabe im Blick, die Makedonen an seine neue Doppelfunktion und die (übrigen) Hellenen an eine engere Kooperation unter seiner Hegemonie zu gewöhnen, alles mit den Persern als unfreiwilligen Trainingspartnern.

Der Familienstreit zwischen den beiden unnachgiebigen Machtmenschen schwelte monatelang und weckte Hoffnungen bei den zahlreichen Makedonenfeinden. Zuletzt vereinbarte man für den Sommer 336 eine demonstrative Versöhnung in aller Öffentlichkeit. Gesandte aus der ganzen makedonischen Einflusssphäre versammelten sich in der alten Königsstadt Aigai, wo sich weiterhin die Gräber der Dynastie befanden. Mitten im Geschehen wurde Philipp II., erst rund 47 Jahre alt, von seinem adligen Leibwächter Pausanias erstochen, den gleich darauf drei enge Vertraute Alexanders töteten – so schnell, dass bis heute nicht geklärt ist, ob Pausanias persönliche Motive hatte oder ob jemand anders den König beseitigen wollte. In gut makedonischer Tradition ermordete Alexander, der umgehend zum König ausgerufen wurde, eine Reihe seiner Verwandten; ungewöhnlich war die folgende Säuberungswelle unter makedonischen Adligen, die Hunderte Opfer forderte. Philipp wurde eilig in Aigai bestattet, wo sein Grab mit an Sicherheit grenzender Wahrscheinlichkeit 1977 entdeckt wurde.

Auf dem Zenit seiner Macht war der gefährlichste Mann des zentralen Mittelmeerraums plötzlich verschwunden. Es schien nicht ausgeschlossen, dass Makedonien eine weitere Phase der Ohnmacht bevorstand, wie Philipp sie beendet hatte – falls sich nicht zeigte, dass die grundlegenden Veränderungen, denen er sein Reich unterzogen hatte, von Dauer waren.

Die goldene Larnax aus Philipps Grab, mutmaßlich mit der Asche Philipps II.

Jörg Fündling,
geboren 1970, ist Althistoriker und Kirchenhistoriker sowie Autor, Lektor und Übersetzer althistorischer Sach- und Fachliteratur.

Der ungewöhnliche Weg auf den Thron

Hans-Ulrich Wiemer

Alexanders Weg auf den makedonischen Thron war keineswegs vorgezeichnet. Sein Vater Philipp II. praktizierte, wie die vorigen Könige von Makedonien, Polygamie. Er hatte im Laufe seines Lebens sieben Frauen, im Sinne politischer Koalitionen allesamt Angehörige ausländischer Dynastien. Dass Alexander also einmal zum König Makedoniens und zum Eroberer eines Weltreiches aufsteigen sollte, war mehr als ungewiss.

Eine Hochzeitsparty läuft aus dem Ruder

Im Frühjahr des Jahres 337 v. Chr. wurde am Hof Philipps II. eine Hochzeit gefeiert. Der 45-jährige König hatte zuvor schon sechs Mal geheiratet; diese Hochzeit war seine siebte. Die Braut hieß Kleopatra und war ein junges Mädchen, höchstens achtzehn Jahre alt, aber sie stammte aus makedonischem Adel. Ihr Onkel und Vormund war Attalos, ein Mann von Ansehen und Einfluss, der zum Kreis der Hetairen, der aristokratischen Funktionselite des Königs, gehörte. Gäste aus der ganzen griechischen Welt waren anwesend, auch Alexander, der Sohn Philipps von Olympias. Im Rahmen des Festes wurde ein prächtiges Symposion (Gastmahl) veranstaltet. Die exklusiv männliche Gesellschaft lag dabei auf niedrigen Speisesofas, speiste und trank, plauderte und debattierte, ließ sich durch Possen und Klamauk, Gesang oder Tanz unterhalten oder gab selbst etwas zum Bes-

ten. Man trank den Wein in Makedonien ungemischt, weswegen sich die Gemüter schnell erhitzten, und nicht selten geriet die Situation außer Kontrolle. So soll es auch bei der Hochzeit Philipps mit Kleopatra geschehen sein. Plutarch, ein griechischer Philosoph und Schriftsteller, der um 100 n. Chr. die einzige erhaltene Biographie Alexanders verfasste, berichtet darüber folgendermaßen:

Attalos, der Vormund und Onkel der Kleopatra, habe in betrunkenem Zustand die anwesenden Makedonen aufgefordert, zu den Göttern zu beten, dass Philipp von Kleopatra ein echtbürtiger Sohn geboren werden möge. Dadurch gereizt, habe Alexander erwidert: „Willst du damit sagen, dass ich ein Bastard bin, du Lump?", und habe seinen Becher nach Attalos geworfen. Daraufhin sei Philipp aufgesprungen, habe sein Schwert gezogen und sei auf Alexander losgegangen. Weil der König jedoch ebenfalls

Elfenbeinkopf aus dem Grabtumulus in Vergina: wahrscheinlich Porträt Philipps II.

betrunken war, sei er gestolpert und zu Boden gefallen, worauf Alexander höhnisch ausgerufen habe: „Dieser Mann, ihr Leute, rüstet sich, nach Alexander von Europa nach Asien hinüberzugehen, und jetzt ist er hingefallen, da er von einem Speisesofa aufs andere steigen will!"

Plutarch fügt hinzu, dass Alexander den Hof Philipps nach diesem Eklat zusammen mit seiner Mutter verlassen habe; er habe Olympias in ihre Heimat Epirus (im heutigen Albanien) gebracht, sich selbst aber zu den Illyrern im Nordwesten Makedoniens begeben. Anschaulich und lebendig beschreibt Plutarch Ereignisse, die sich mehr als 400 Jahre vor seiner Zeit abgespielt hatten; offenbar konnte er aus einer zeitgenössischen Quelle schöpfen. Zeitgenossen Alexanders hatten Berichte verfasst, die ihm noch im Original vorlagen, für uns aber nur noch indirekt greifbar sind. Natürlich gibt es keine Gewähr, dass die Worte, die Plutarch den Protagonisten in den Mund legt, tatsächlich so gesprochen wurden. Aber die Geschichte dürfte auch nicht frei erfunden sein, denn ohne einen gravierenden Konflikt zwischen Vater und Sohn wäre das spätere Verhalten der Beteiligten kaum zu erklären.

Wie aber hatte es zu diesem Eklat überhaupt kommen können? Der König hatte Alexander doch seit 340 v. Chr. wiederholt mit wichtigen Aufgaben betraut. Am 2. August des Jahres 338 v. Chr. hatte Alexander, kaum achtzehnjährig, in der Schlacht bei Chaironeia in Boiotien die makedonische Kavallerie kommandiert und mit seinem Angriff auf die gegnerische Phalanx (Schlachtreihe) entscheidend zum Sieg Philipps über eine von den Thebanern und Athenern angeführte Koalition griechischer Staaten beigetragen. Nur ein Jahr später ging derselbe Alexander ins Exil, und Philipp stand vor dem Problem, wie er seine Herrschaft in der Heimat absichern sollte, wenn er im Frühjahr 336 v. Chr. mit einem Heer nach Kleinasien gehen würde, um persönlich die Führung des „Rachekrieges" gegen das Perserreich

zu übernehmen, der bald nach dem Sieg von Chaironeia im Namen der im Korinthischen Bund vereinigten Griechen erklärt worden war. Um dies zu verstehen, müssen wir uns vergegenwärtigen, unter welchen Umständen Alexander aufwuchs und welche Rolle er für Philipp spielte.

Eine schreckliche Familie: Mutter und Geschwister

Alexander war der Sohn aus der Ehe, die Philipp 357 v. Chr., also nur wenige Jahre nach dem Beginn seiner Regierung, mit Olympias, einer Tochter des epirotischen Königs Neoptolemos, geschlossen hatte. Olympias gehörte also einer königlichen Familie an, die ihren Ursprung auf den homerischen Helden Achill zurückführte. Sie war jedoch keine Makedonin, weswegen Attalos ihren Sohn Alexander als nicht echtbürtig bezeichnen konnte. Alexander wurde am 20. Juli 356 v. Chr. geboren; später brachte Olympias noch eine Tochter zur Welt, die Kleopatra hieß; von weiteren Kindern ist nichts bekannt. Alexander hatte noch mehrere Halbschwestern aus den anderen Ehen seines Vaters, aber nur einen Halbbruder aus der Ehe seines Vaters mit Philine aus der thessalischen Stadt Larisa. Dieser Halbbruder hieß Arrhidaios und scheint unter einer geistigen Beeinträchtigung gelitten zu haben; er galt als unfähig zu regieren und war daher keine Konkurrenz für Alexander.

Alexander wuchs in einer Umgebung auf, die dem König die Polygamie erlaubte. Das hatte seine Vorteile, denn Philipp benutzte Ehen, um politische Bündnisse zu schließen; es schuf aber auch Probleme, da weder die Rangordnung unter den Ehefrauen noch die Nachfolge des Königs geregelt waren. Philipp hatte mehrere Frauen und viele Kinder, aber nur Olympias gebar ihm einen Sohn, der als Nachfolger infrage kam. Auf diesem Vorzug beruhte ihre besondere Stellung am Hof Philipps. Aber diese besondere Position war nicht formalisiert und musste daher beständig gegen die Ansprüche ihrer Rivalinnen verteidigt werden. Mutter und Sohn waren auf Gedeih und Verderb aufeinander angewiesen. Olympias war sehr machtbewusst und mußte es sein, wenn sie sich am Hof Philipps behaupten wollte. Dabei handelte sie nicht weniger skrupellos als viele Männer in ihrer Umgebung, nicht zuletzt ihr Ehemann. Gleichwohl hat sie niemals als Königin geherrscht, und es besteht auch kein Anlass, eine Frau zu glorifizieren, die für ihre Ziele vor Mord nicht zurückschreckte.

Ein Königssohn wächst heran

Über die Kindheit Alexanders liegen keine Berichte vor. In den Quellen taucht er erstmalig 346 v. Chr. auf, als er gerade einmal zehn Jahre alt war. Der athenische Politiker Aischines erzählt, der Junge sei bei einem Symposion, das in Pella für eine Gesandtschaft der Athener veranstaltet wurde, aufgetreten; er habe auf der Lyra (Leier) gespielt, Reden vorgetragen und mit einem anderen Jungen debattiert (oder geflirtet?). Alexander konnte also damals nicht nur lesen und schreiben, sondern auch Reden halten und auf der Lyra spielen. Wir kennen die Namen der Lehrer und Erzieher, denen Alexander anvertraut wurde, sobald er alt genug war, um in die Welt der Männer eingeführt zu werden, vermutlich im Alter von sechs Jahren. Der eine hieß Leonidas und war ein Verwandter der Olympias; dementsprechend führte er eine Art Oberaufsicht. Ihm untergeordnet war ein gewisser Lysimachos. Sicher scheint, dass die Epen Homers schon im Elementarunterricht eine zentrale Rolle spielten, vor allem die *Ilias,* die den Zorn des Helden Achill beim Kampf der Griechen gegen die Trojaner zum Gegenstand hat. Die Lektüre dieses Epos hat Alexander geprägt; er nahm ein Exemplar mit auf den Feldzug nach Asien, wo es (neben einem Schwert) stets unter seinem Kopfkissen gelegen haben soll. Der Wahlspruch Achills, „stets der beste sein und die anderen übertreffen" wurde auch der seine.

342 v. Chr. beauftragte Philipp den Philosophen Aristoteles damit, Alexander Unterricht zu erteilen. Aristotles war damals Anfang vierzig, und es war noch nicht absehbar, dass sein Name später einmal zusammen mit dem seines Lehrers Platon genannt werden würde. Gleichwohl zeigt die Bestellung eines Philosophen zum Prinzenerzieher, wie wichtig es Philipp war, dass Alexander eine theoretische Bildung erhielt, die den höchsten Ansprüchen der Zeit genügte; sein präsumtiver Nachfolger sollte auch in dieser Hinsicht hinter niemandem zurückstehen müssen. Über die Art, wie der Unterricht ablief, liegen uns freilich keine glaubhaften Zeugnisse vor. Überliefert ist lediglich, dass Aristoteles Alexander und eine Reihe von Mitschülern in Miëza unterrichtete, wo man in der römischen Kaiserzeit die Bänke zeigte, auf denen Lehrer und Schüler angeblich gesessen hatten; vermutlich freundete er sich dort mit einer Gruppe von Gleichaltrigen an, die später zum engsten Kreis um den König gehörten. Bekannt ist zudem, dass der Unterricht für Alexander bereits 340 v. Chr. endete, also höchstens drei Jahre andauerte.

Welche Inhalte wollte Aristoteles seinem königlichen Schüler vermitteln? Man wird annehmen dürfen, dass der Philosoph Alexander in die Grundlagen seiner theoretischen Philosophie einführte; insbesondere die Logik dürfte eine Rolle gespielt haben. Zum Lehrprogramm gehörten aber auch Botanik und Zoologie, Meteorologie und Geographie. Aristoteles lehrte seinen Schüler die Kugelgestalt der Erde und machte ihn mit den damals diskutierten Ansichten über die Lage und Größe der drei bekannten Erdteile Europa, Asien und Afrika bekannt. In diesem Bereich fiel die Lehre des Aristoteles auf fruchtbaren Boden. Alexander zeigte während des Zugs durch Asien großes Interesse für Flora und Fauna, Klima und Vegetation; er sandte mehrfach Expeditionen aus, die militärische Aufklärung mit der Erkundung fremder Länder und Völker verbanden. Vielleicht waren auch medizinische Fragen Gegenstand des Unterrichts; als König bewies Alexander Kenntnisse im Bereich der Diätetik und Pharmakologie. Alexander las zudem unter Anleitung des Aristoteles poetische Texte, die damals bereits als Klassiker galten; neben Homer kannte Alexander die Tragödien des Euripides nachweislich sehr gut. Schließlich dürften auch Fragen der Ethik und Politik diskutiert worden sein. Eine an Alexander gerichtete Schrift des Aristoteles *Über das Königtum* ist bezeugt. Gerade in diesem Bereich übte der Philosoph jedoch keinen nachhaltigen Einfluss auf Alexander aus. Das politische Denken des Aristoteles kreiste um die Polis, den kleinräumigen Stadt- und Bürgerstaat. Alexander hingegen eroberte das größte Imperium seiner Zeit. Da er dafür die Unterstützung der einheimischen Eliten brauchte, vor allem die der Iraner, hatte er keine Verwendung für die strikte Einteilung aller Menschen in Griechen und Barbaren, die Aristoteles in Übereinstimmung mit den meisten Griechen seiner Zeit vertrat.

Es befeuert die Phantasie der Nachwelt bis heute, dass der künftige „Welteroberer" im Alter von dreizehn bis fünfzehn Jahren von einem der größten Philosophen unterrichtet wurde, den wir kennen. Man sollte aber nicht vergessen, dass Alexanders Erziehung sich keineswegs darauf beschränkte, was wir heute Literatur, theoretische und praktische Philosophie und empirische Wissenschaften nennen.

Vielmehr lernte er schon in jungen Jahren das Reiten und den Gebrauch von Waffen. Die Reitkunst war von höchster Bedeu-

tung. Alexander gelangte auf dem Rücken von Pferden von Makedonien bis nach Indien und von dort wieder zurück bis ins Zweistromland. In der Schlacht wurde das Pferd zur Waffe; Reiter und Pferd bildeten eine Einheit, wenn es dem Menschen gelang, den Willen des Tieres vollkommen zu beherrschen. Das Lieblingspferd Alexanders hieß Bukephalos – der Name bedeutet Ochsenkopf und leitet sich von einem Brandzeichen auf der Schulter ab – und begleitete ihn von Makedonien bis nach Indien; als Bukephalos dort starb, ließ Alexander das Tier feierlich bestatten und benannte eine Stadt nach ihm. Die Geschichte, wie Alexander zu diesem Pferd gekommen war, lautet bei Plutarch folgendermaßen:

Ein gewisser Philonikos habe Philipp den Bukephalos für die astronomische Summe von dreizehn Silbertalenten zum Kauf angeboten. Vorher musste das Tier natürlich Probe geritten werden. Das störrische Pferd aber habe keinen Mann aus der Umge-

Bukephalos, das legendäre Streitross Alexanders, aus dem Alexandermosaik in Pompeji.

Der ungewöhnliche Weg auf den Thron

bung Philipps aufsitzen lassen. Als Philipp unwillig wurde und das Pferd wegschicken wollte, habe Alexander gesagt: „Was für ein Pferd ruinieren sie da, weil sie aus Unverstand und Schlappheit nicht mit ihm umzugehen wissen!" Philipp sei zunächst ungehalten gewesen, habe seinem Sohn dann jedoch erlaubt, sein Glück zu versuchen. Alexander erkannte, dass das Pferd sich vor seinem eigenen Schatten fürchtete, drehte es gegen die Sonne, sprang auf und ritt davon. Als er zurückkehrte, wurde er mit donnerndem Applaus empfangen. Der König habe seinen Sohn, als er abstieg, auf den Kopf geküsst und gesagt: „Such dir ein Reich, mein Sohn, das deiner würdig ist, denn Makedonien ist für dich nicht groß genug."

Plutarch nennt weder Zeit noch Ort für diese Geschichte. Der abschließende Ausspruch Philipps deutet daraufhin, dass sie nachträglich ausgeschmückt wurde, denn Philipp konnte nicht ahnen, dass sein Sohn einmal das Reich der Achämeniden erobern würde. Für uns ist sie trotzdem wertvoll, weil sie uns die Männergesellschaft, in die Alexander hineinwuchs, plastisch vor Augen stellt und den hohen Stellenwert verdeutlicht, den Pferde für diese hatte. Die makedonische Aristokratie diente ihrem König zu Pferde, sei es im Frieden, sei es im Krieg. Ein Mann, der in diesen Kreisen etwas gelten wollte, musste etwas von Pferden verstehen und ein guter Reiter sein.

Neben den Pferden gehörten auch Hunde zu den ständigen Begleitern makedonischer Aristokra-

ten. Anders als die Pferde kamen sie jedoch nicht in der Schlacht zum Einsatz, sehr wohl dagegen bei der Jagd auf wilde Tiere. Die Jagd war eine Aktivität, bei der Mut, Ausdauer und Geschicklichkeit erprobt und soziale Hierarchien eingeübt wurden; sie galt als Vorbereitung auf den bewaffneten Kampf gegen Menschen. Die Teilnehmer hatten bestimmte Rollen zu spielen, die sie in ein Verhältnis der Über- und Unterordnung zueinander setzten. Man konnte sich hervortun, aber auch versagen; ein makedonischer Aristokrat, dem es nicht gelang, mit eigener Hand einen Eber zu erlegen, durfte beim Gastmahl nicht bei den anderen Gästen liegen; er musste stehenbleiben. Alexander erlernte das Waidwerk frühzeitig, und die Jagd blieb für ihn stets ein willkommener Zeitvertreib. Der makedonische König wird darum auch gerne im Bild als Jäger dargestellt. Der bemalte Fries des Königsgrabs in Vergina zeigt eine königliche Löwenjagd: Links ist ein jugendlicher Reiter zu sehen, bekleidet mit einem kurzen und gegürteten, ärmellosen Gewand und Stiefeln; auf dem Kopf trägt er einen Kranz, in der rechten Hand schwingt er einen Speer. Rechts davon sticht ein bärtiger Mann, der ebenfalls Stiefel und Mantel sowie eine Mütze trägt, mit einem Speer auf einen Löwen ein. Noch weiter rechts führen zwei Jünglinge mit einem Schultermantel, der eine mit

Mütze, der andere mit einem breit-krempigen Hut, Hunde an der Leine. Wenn die Deutung des Grabs auf Philipp II. richtig ist, sehen wir in diesem Bild Philipp und Alexander gemeinsam bei der Jagd.

Ein Teenager als Stellvertreter des Königs

Für Alexander war die Jugend beendet, als er sechzehn Jahre alt war. Sein Vater konnte damals als der mächtigste Mann Griechenlands gelten. Er hatte die Phoker in einem „Heiligen Krieg", den eine Koalition griechischer Staaten zur Verteidigung des Apollon-Heiligtums von Delphi ausgerufen hatte, vernichtend geschlagen (346 v. Chr.) und war dafür mit einem Platz im „Aufsichtsrat" des Heiligtums belohnt worden. In den Jahren 346 bis 342 v. Chr. war Philipp vor allem im Westen und Norden seines Reiches aktiv gewesen. 342 v. Chr. war es ihm gelungen, den thrakischen Stamm der Odrysen zu unterwerfen. Dadurch hatte er sein Herrschaftsgebiet bis zum Marmarameer ausgedehnt. Er verzichtete jedoch darauf, diese neu erworbenen Gebiete dem makedonischen Königreich einzugliedern, sondern unterstellte sie einem Militärbefehlshaber. Bald darauf wandte

sich Philipp den griechischen Städten Perinthos und Byzanz zu. Dafür gab es strategische Gründe: Byzanz, das heutige Istanbul, kontrollierte den Bosporos und damit den Seeverkehr zwischen Schwarzem Meer und Ägäis; Perinthos lag ebenfalls an dieser Route. Wer diese beiden Städte in seiner Hand hatte, konnte Druck auf griechische Staaten ausüben, die auf Importe aus dem Schwarzmeergebiet angewiesen waren. Das galt namentlich für Athen, das einen großen Teil des Getreides aus dieser Region importierte. Als der König Makedonien im Frühjahr 340 v. Chr. verließ, um sein Heer gegen Perinthos und Byzanz zu führen, setzte er Alexander als Regenten ein. Er überließ seinem Sohn das königliche Siegel, stellte ihm freilich den erfahrenen Hetairen Antipatros als Berater an die Seite. Alexander erwarb sich damals die ersten Meriten als Feldherr, indem er einen Feldzug gegen die aufständischen Maider, einen thrakischen Stamm im Tal des Strymon, anführte. Er besiegte die Maider und vertrieb sie aus ihrem Gebiet; zu dessen Kontrolle legte er eine befestigte Ortschaft an, besiedelt mit Makedonen und Nicht-Makedonen, die später den Namen Alexandrupolis trug. Während Alexander in Makedonien für seinen abwesenden Vater die Regierung führte, versuchte dieser, Byzanz durch eine Belagerung einzunehmen. Die Belagerung zog sich in die Länge und wurde schließlich abgebrochen. Der Krieg weitete sich auf das südliche Griechenland aus, als Philipp im Sommer 340 v. Chr. eine Getreideflotte aufbringen ließ, die Kurs auf Athen hatte. Die Athener zögerten keinen Augenblick, Philipp den Krieg zu erklären. Da der König zu dieser Zeit von thrakischen Stämmen bedrängt wurde, verging jedoch mehr als ein Jahr, bis es zu einer militärischen Konfrontation zwischen Philipp und Athen kam. In der Zwischenzeit besetzten sie die Thermopylen und sperrten den Weg nach Mittelgriechenland. 339 v. Chr. gelang es Philipp jedoch, die Blockade zu umgehen; im Jahr darauf schlug er seine Gegner bei Chaironeia vernichtend. Alexander nahm an diesem Feldzug teil, kommandierte bei Chaironeia die makedonische Kavallerie und erhielt im Anschluss die Aufgabe, zusammen mit Antipatros die gefangenen Athener und die Asche der Gefallenen nach Athen zu überführen.

Die Harmonie zwischen Vater und Sohn schien perfekt. Philipp selbst zog nach der Schlacht auf die Peloponnes und versammelte auf dem Rückweg in Korinth Delegierte aus vielen griechischen Staaten zu einem Kongress, auf dem ein Militärbündnis aus der Taufe gehoben wurde, dessen Oberbefehl beim makedonischen König liegen sollte. Die erste Handlung des Korinthischen Bundes bestand darin, dem Perserreich den Krieg zu erklären. Als Kriegsgrund wurde verkündet, man wolle Rache üben für das, was König Xerxes den Griechen fast anderthalb Jahrhunderte früher angetan hatte. Diese Begründung klang schon damals nicht sehr überzeugend, aber nur wenige wagten es, Philipp den Gehorsam zu verweigern; allein die Spartaner blieben dem Bund und damit auch dem Krieg ostentativ fern.

Zerwürfnis und halbherzige Versöhnung

Das zu Anfang geschilderte Zerwürfnis kam also zu einem denkbar ungünstigen Zeitpunkt. Philipp wollte an der Spitze eines Heeres nach Kleinasien ziehen, Alexander sollte ihm zu Hause den Rücken freihalten. Es verwundert nicht, dass Philipps Umgebung versuchte, den Riss zwischen Vater und Sohn zu heilen. Ein Hetaire, Demaratos aus Korinth, soll Philipp überzeugt haben, dass er Alexander aus dem Exil zurückholen müsse. Tatsächlich kehrte Alexander recht bald an Philipps Hof zurück, nicht jedoch seine Mutter Olympias. Sie beobachtete aus der Ferne, wie ihr Platz an der Seite Philipps von seiner neuen Ehefrau Kleopatra eingenommen wurde, die ihrem Mann kaum ein Jahr nach der

Fresko aus dem Königsgrab von Vergina. Rechts vermutlich der junge Alexander.

Alexander einen Rivalen und Philipp eine Alternative gehabt: Ein Mann mit Mitte vierzig durfte hoffen,
noch zu erleben, wie seine Kinder erwachsen wurden.

Alexander war zurückgekehrt, aber das Verhältnis zwischen Vater und Sohn war nicht mehr unge-
trübt. Eine Episode, für die wiederum Plutarch unsere
Quelle ist, beleuchtet schlaglichtartig die Atmosphä-
re des Misstrauens, die im Verhältnis zwischen Philipp und Alexander bestand. Pixodaros, der Satrap
von Karien, bot Philipp seine älteste Tochter für ein
Ehebündnis an, weil er hoffte, durch eine Verschwägerung mit dem makedonischen Königshaus seinen
Handlungsspielraum gegenüber dem persischen König vergrößern zu können. Ein Gesandter des Satrapen kam nach Pella, und man verständigte sich
darauf, dass die Tochter des Pixodaros den Bruder
Alexanders heiraten solle. Alexander sah in der geplanten Ehe eine Gefahr für sich; er befürchtete, dass
Philipp Arrhidaios für die Rolle eines Thronfolgers

Hochzeit eine Tochter gebar. Man
konnte Wetten darauf abschlie-
ßen, wie lange es dauern würde,
bis sie Philipp einen Sohn schen-
ken würde. In diesem Fall hätte
vorbereiten wolle. Daher hintertrieb Alexander die
Verhandlungen, die sein Vater mit Pixodaros führte, indem er seinerseits einen Gesandten nach Kari-
en schickte, um sich selbst als Bräutigam ins Spiel
zu bringen. Es ist nachvollziehbar, dass der karische
Satrap den Heiratsplan angesichts dieses Durchein-
anders aufgab. Philipp aber war außer sich über das
eigenmächtige Handeln Alexanders, ermahnte ihn
scharf und verbannte einige seiner engsten Freunde
vom Hof. Es war nicht zu übersehen: Philipp dachte
nicht daran, seinen Platz für Alexander zu räumen.

Der König ist tot, es lebe der König!

Im Sommer des Jahres 336 v. Chr. wurde am Hof Philipps erneut eine Hochzeit gefeiert. Der molossische
König Alexander heiratete in Aigai, dem heutigen
Vergina, Kleopatra, die Schwester Alexanders. Philipp hatte für das Brautpaar eine prächtige Hochzeit
ausrichten lassen; die Gäste waren von weither gekommen. Der König war auch deswegen bester Laune, weil seine Gemahlin ihm kurz zuvor eine Tochter geboren hatte, die den Namen Europa erhielt. Die
Chancen der Olympias hingegen, eines Tages nach

Makedonien zurückzukehren, waren auf den Null-
punkt gesunken: Philipp hatte eine jüngere Frau, die
ihm Kinder gebar, und das Bündnis mit Epirus war
durch die Verschwägerung mit Alexander, dem Molosser, gesichert. Das Fest sollte eine Demonstration
dynastischer Geschlossenheit werden – mit Alexander, aber ohne Olympias.

Doch es kam anders. Als Philipp das bis auf den
letzten Platz besetzte Theater von Aigai betreten
wollte, flankiert von Sohn und Schwiegersohn, wurde er im Eingang von Pausanias, einem Mitglied der
königlichen Leibwache, niedergestochen. Der König war anscheinend auf der Stelle tot. Sein Mör-
der flüchtete, wurde eingeholt und getötet. Die Frage
nach den Gründen und Hintergründen trieb schon die
Zeitgenossen um. Fest steht, dass Pausanias persönliche Motive für seine Tat hatte; er war auf Geheiß des
Attalos brutal vergewaltigt worden, und Philipp hatte
sich geweigert, dies zu ahnden. Verweigerte Genug-
tuung nach einer gravierenden Kränkung der Ehre
war für die Zeitgenossen ein plausibles Mordmotiv.
Aber daraus folgt nicht, dass Pausanias ein Einzeltä-
ter war; er hatte Mitwisser und Helfer. Gab es auch
Drahtzieher in der Familie Philipps? Das stärkste Mo-
tiv hatte sicherlich Olympias. Sie aber hielt sich zum
Zeitpunkt der Tat offenbar weit entfernt vom Ort des
Geschehens auf. Zudem konnte sie aus dem Tod Philipps nur im Zusammenwirken mit Alexander Nutzen
ziehen. Auch dieser profitierte vom Mord an Philipp
und gehört deshalb ebenfalls zum Kreis der Verdäch-
tigen. Doch die chaotischen Umstände, unter denen
er die Nachfolge Philipps antrat, sind nicht leicht mit
der Annahme zu vereinbaren, er habe den Mord angestiftet. Alexander hätte für den Anschlag wohl eine bessere Umgebung wählen können als ein Theater
mit Tausenden von Zuschauern. Was hätte er tun sollen, wenn Philipp nicht sofort tot gewesen wäre oder
sich gar gewehrt hätte? Hätte Alexander befürchtet,
als Vatermörder bezichtigt zu werden, hätte er wohl
auch das Risiko gescheut, Personen als tatsächliche
oder vermeintliche Komplizen am Grab Philipps hinrichten zu lassen. Solange keine neuen Quellen auf-
tauchen, wird die Beweislage für eine postume Ver-
urteilung wegen Mordes nicht ausreichen.

Der neue König verschafft sich Respekt

Alexander handelte nach der Ermordung Philipps
schnell und entschlossen. Er ließ sich von Anwesenden zum König ausrufen und nahm den Palast in Besitz. Dabei nützte es ihm, dass sich mit Antipatros ein

einflussreicher Aristokrat, der unter Philipp eine füh-
rende Stellung eingenommen hatte, sogleich auf seine Seite stellte. Wenige Tage später versprach Alexander in einer Versammlung von Makedonen, die
Politik seines Vaters fortzusetzen. Er erfüllte seine
Pflicht als Sohn und Thronfolger, indem er Philipps
Leiche feierlich beisetzen ließ; wenn der große Tumulus in Vergina die Grabstätte Philipps II. ist (wofür einiges spricht), hat sich die goldene Larnax (Kis-
te) mit der Asche seiner Gebeine erhalten und kann
heute wieder vor Ort besichtigt werden.

Olympias kehrte nach dem Tod ihres Manns an
den Hof zurück. Diejenigen, die Alexander und seine
Mutter beleidigt hatten oder ihrer Stellung gefährlich
werden konnten, wurden ohne Zögern und kaltblütig
aus dem Weg geräumt. Attalos, der es gewagt hatte, Alexander einen Bastard zu nennen, wurde um-
gebracht, nachdem Parmenion, der gemeinsam mit
Attalos das Heer in Kleinasien kommandierte, sich
auf die Seite Alexanders gestellt hatte. Auch Amyntas, ein Halbruder Philipps, der Ansprüche auf den
Thron hätte erheben können, musste sterben. Olympias zwang ihre Rivalin Kleopatra zum Selbstmord
und ließ auch deren Baby töten. Alexander soll da-

**Portrait Alexanders als Regent.
Marmorkopf,
ca. 338 v. Chr.**

ran nicht beteiligt gewesen sein, dachte aber auch nicht daran, seine Mutter für ihre Tat zur Rechenschaft zu ziehen.

Sobald Alexander in Makedonien fest im Sattel saß, machte er sich auf den Weg nach Süden. Dort hatte die Nachricht vom Tod Philipps die Hoffnung geweckt, man werde die makedonische Herrschaft rasch wieder abschütteln können. Der athenische Politiker Demosthenes brachte den Göttern ein Dankopfer dar; von dem „dummen Jungen", der jetzt in Pella regiere, so versicherte er, habe man nichts zu befürchten. Alexander erstickte diese Hoffnungen durch seinen blitzartigen Vorstoß im Keim. Er ließ sich zum „Herzog" der Thessaler wählen und sicherte sich damit die Verfügung über die schlagkräftige Kavallerie des Landes. Nachdem er auch im Aufsichtsrat des delphischen Heiligtums als Nachfolger Philipps bestätigt worden war, erschien er mit seinem Heer vor Theben, wo ihm Gehorsam gelobt wurde. Anschließend versammelte der König den Korinthischen Bund und ließ sich zum Oberbefehlshaber wählen. Alexander übernahm damit offiziell die Verpflichtung, den Krieg gegen das Perserreich fortzusetzen, den sein Vater begonnen hatte.

Im Herbst 336 v. Chr., wenige Monate nach dem Tod Philipps, schien Alexander sich die Nachfolge seines Vaters in vollem Umfang gesichert zu haben. Bevor er freilich nach Kleinasien aufbrach, wollte er

die westlichen und nördlichen Nachbarn Makedoniens zur Anerkennung seiner Oberhoheit zwingen. Im Frühjahr 335 v. Chr. besiegte er zunächst die Triballer, einen thrakischen Stamm im heutigen Bulgarien; auf dem Rückweg schlug er den illyrischen Stamm der Dardaner. Kaum war dieser Feldzug beendet, erhielt der König die Nachricht, dass die Thebaner sich gegen seine Herrschaft erhoben hätten und versuchten, eine große Koalition griechischer Staaten gegen ihn zu schmieden. In Eilmärschen führte Alexander sein Heer nach Boiotien und schloss Theben ein; die Stadt fiel im Oktober 335 v. Chr.; etwa 6000 Männer wurden dabei getötet. Alexander überließ die Entscheidung, wie mit den Überlebenden zu verfahren sei, einem Gericht, das er mit den schlimmsten Feinden der Thebaner besetzte. Deren Urteil fiel fürchterlich aus: Etwa 30000 Frauen, Kinder und Greise wurden in die Sklaverei verkauft, die Stadt dem Erdboden gleichgemacht. Nur das Haus des Dichters Pindar wurde verschont. Das war gezielter Terror, und er wirkte. Diejenigen Griechen, die eben noch daran gedacht hatten, sich von der makedonischen Herrschaft zu befreien, versuchten nun, den König gnädig zu stimmen. Der geplante Feldzug gegen das Reich der Achämeniden konnte endlich beginnen: Der junge König strebte nach Ruhm, und seine Kassen waren leer. Im Frühjahr 334 v. Chr. überquerte er mit seinem Heer den Hellespont (Dardanellen).

Hans-Ulrich Wiemer ist Professor für Alte Geschichte an der Universität Erlangen-Nürnberg. Sein Forschungsschwerpunkt ist der Hellenismus; seine letzte große Veröffentlichung galt Theoderich dem Großen.

Die ewigen Feinde der Griechen?

Hilmar Klinkott

„Wir (die Griechen; Erg. d. Verf.) sind so weit hinter den Persern zurückgeblieben, dass wir es nicht einmal mehr wagen, uns an ihnen für erlittenes Unrecht zu rächen, während die Perser keinerlei Bedenken hatten, mit den Feindseligkeiten gegenüber den Griechen anzufangen. (…) Wir bekriegen uns selbst wegen unbedeutender Bagatellen, obwohl wir ohne jede Gefahr die Macht und den Reichtum der Perser besitzen könnten. Stattdessen helfen wir auch noch mit, die Abtrünnigen des persischen Königreichs zu unterwerfen, und merken gar nicht mehr, dass wir zuweilen mithilfe der Feinde unserer Väter unsere eignen Stammesbrüder zu vernichten suchen."

Mit diesen Worten wandte sich der athenische Philosoph Isokrates nach 346 v. Chr. in einer Rede an Philipp II. Er rief den makedonischen König dazu auf, die Griechen zu einen und zu einem großen Feldzug nach Asien zu führen, gegen den alten Erbfeind, den Großkönig des achämenidischen Perserreichs. Die „Perser" oder die „Barbaren", wie sie Isokrates oft auch nennt, versteht er als ewigen Feind der Griechen. Er erklärt daher: „Wir (die Athener; Erg. d. Verf.) verspüren den Barbaren gegenüber von Natur aus eine solche Feindschaft, dass wir uns auch bei den Geschichten aus alter Zeit am liebsten mit dem Troianischen und dem Perser-Krieg beschäftigen, da man in diesen Geschichten vom Unglück der Barbaren hören kann." Ohne Zweifel ist Isokrates voreingenommen, polarisiert und ideologisiert die Feindschaft gegen die pauschalisierten „Perser" – wer auch immer das genau sein mag. „In Versammlungen aber" – so behauptet er – „sprechen die Athener auch heute noch Flüche aus, bevor sie zur Tagesordnung übergehen, wenn einer von den Bürgern mit den Persern über Frieden verhandeln will." Es ist evident: Isokrates befürwortet keinen Frieden mit dem benachbarten Achämenidenreich im Osten, sondern wirbt für einen gemeinsamen, panhellenischen Krieg, der in seiner Vorstellung zur Einigung der Griechen untereinander und zu neuem Wohlstand führen soll.

Relief mit Inschrift an der Weltkulturerbestätte Behistun im Iran: Der persische Großkönigs Dareios, zwei Diener und zehn Figuren mit gefesselten Händen, die die unterworfenen Völker darstellen. Das Symbol Gottes schwebt darüber.

Aber ist das zutreffend? Und entspricht diese Einschätzung den historischen Gegebenheiten? Der griechische Geschichtsschreiber Herodot sieht in seinem Werk, den *Historien*, die sich mit den griechischpersischen Kriegen und den Griechenlandfeldzügen unter Dareios I. und Xerxes I. beschäftigen, die Ursachen des Konflikts an ganz anderer Stelle. Die Phoiniker sollen zuerst die griechische Königstochter Io aus Argos geraubt haben. „So kam Io nach dem Bericht der Perser – die Griechen überliefern es anders – nach Ägypten, und dies war der Anfang der Feindseligkeiten zwischen beiden (Griechen und Persern; Erg. d. Verf.) Danach – so berichten sie weiter – kamen einige Griechen – ihren Namen können sie nicht angeben – nach Tyros in Phoinikien und raubten die Königstochter Europa. Das dürften Kreter gewesen sein. Damit vergalten sie Gleiches mit Gleichem. Hernach aber waren die Griechen schuld an dem zweiten Frevel." Es folgt die Geschichte über den Raub der Medeia aus Kolchis. Herodot beginnt seine *Historien* also mit der angeblichen Darstellung einer persischen Quelle, nach welcher die Phoiniker und Griechen für den Ausbruch der Feindseligkeiten verantwortlich seien. Unabhängig vom historischen Wert derartiger Angaben gab es offensichtlich verschiedene Perspektiven auf das Verhältnis zwischen „Griechen" und „Persern". Es ist daher die Frage berechtigt, ob die vermeintliche Erbfeindschaft tatsächlich durch kontinuierliche Konflikte und Auseinandersetzungen ge-

Karte des Reichs der Achämeniden.

Die ewigen Feinde der Griechen?

prägt war oder eher als ein ideologisiertes Konzept zu verstehen ist. Sah man denn im Achaimenidenreich die Griechen auch als „ewige Feinde"?

Die Phase der achämenidischen Expansion

Als Kyros II. aus der Familie der Teispiden mit seinen Eroberungszügen das persische Großreich aufbaute, fiel 547 v. Chr. mit seinem Sieg über Kroisos dessen lydisches Königreich unter die Kontrolle des Großkönigs. Lydien, das von griechischen Poleis geprägte Ionien und alle anderen Regionen in Kleinasien wurden Teil des Perserreiches. Damit setzte ein Integrationsprozess der alten Vorgängerreiche in das neue teispidische Großreich ein, von dem wir unter Kambyses, dem Nachfolger und Sohn des Kyros, kaum etwas im Detail wissen. In den schwierigen Umständen nach dem Tod des Kambyses (522 v. Chr.) gelang es schließlich Dareios, dessen Familie sich auf den Stammvater Achaimenes zurückführte, sich durch einen Umsturz 521 v. Chr. zum Großkönig zu machen und damit die Herrscherdynastie der Achaimeniden zu begründen. Nachdem er eine Reihe von Aufständen innerhalb seines Reichs niedergeschlagen hatte, von denen er in seinem Tatenbericht am Felsen von Behistun berichtet, vergrößerte er das teispidische Reichsterritorium durch Feldzüge nach Indien, Ägypten und in den Schwarzmeerraum gegen die Skythen.

Derartige Feldzüge und Expeditionen, an denen auch Griechen wie Skylax von Karyanda (nach Indien) oder Demokedes von Kroton in die Ägäis, nach Griechenland und bis nach Tarent in Süditalien beteiligt waren, öffneten den Horizont der antiken Welt weit über den Mittelmeerraum hinaus, wie ihn auch Herodots *Historien* beschreiben. Herodot berichtet sogar von einer phoinikischen Umsegelung Afrikas, die unter Xerxes I. mit der Expeditionsfahrt des Sataspes wiederholt werden sollte. Die Erschließung dieser Räume durch terrestrische und maritime Routen griff weit über das eigentliche Reichsgebiet hinaus, das sich von Sogdien (heutiges Afghanistan) und Nordindien bis in den Schwarzmeerraum, nach Makedonien sowie auf dem afrikanischen Kontinent bis in die Kyrenaika (Nordafrika) und nach Südägypten erstreckte. In diesem multiethnischen und multikulturellen Großreich stieß Dareios I. große Reformprogramme an, mit denen er u. a. die Verwaltung seines Reiches in Satrapien anstelle der integrierten Vorgängerreiche organisierte. Im Zuge derartiger Veränderungen erhoben sich die ionischen Städte (Poleis) in Westkleinasien gegen die traditionelle, lokale Regierung durch sogenannte Tyrannen und forderten eine (pseudo-) demokratische Selbstverwaltung. In diesem sogenannten Ionischen Aufstand (500/499–494 v. Chr.) wandte sich Aristagoras von Milet, der Anführer der

Die Seeschlacht bei Salamis zwischen den verbündeten griechischen Stadtstaaten unter Führung von Themistokles und den Persern unter Xerxes. Gemälde von Wilhelm von Kaulbach, 1868.

ionischen Städte, nach Griechenland und erbat von Athen und Eretria militärische Unterstützung. Diese beiden Städte schickten tatsächlich jeweils ein Flottenkontingent, dessen Truppen sich 499/8 v. Chr. in Kleinasien mit den Aufständischen vereinten, nach Sardes marschierten und die alte lydische Königstadt und Sitz des persischen Satrapen zerstörten. Ein Teil der Truppen wurde bereits auf dem Rückmarsch von persischen Einheiten geschlagen, Athen und Eretria zogen sich weitgehend aus dem Konflikt zurück. Der Aufstand hatte dem Großkönig bewusst gemacht: Die Westgrenze seines Reiches an der kleinasiatischen Küste war nicht dauerhaft zu sichern, ohne die vorgelagerte Ägäis mit ihren maritimen Routen zu kontrollieren. Und über dieses Meer hinweg war Griechenland ein politischer Faktor, dessen Übergriffe in das Achämenidenreich durch Eretria und Athen nicht ungestraft bleiben konnten. In dieser Konsequenz standen die Griechenlandfeldzüge des Dareios I. und seines Nachfolgers Xerxes I., die aus großköniglicher Sicht zweifellos als Erfolg gewertet wurden.

Unter Dareios I. hatten die königlichen Strategen Datis und Artaphernes 490 v. Chr. nicht nur einen Großteil der griechischen Inseln erobert, sondern auch Eretria zerstört und die Bevölkerung deportiert. Erst bei Marathon wurden die Truppen der beiden Strategen von den griechischen Kontingenten unter der Führung des Atheners Miltiades geschlagen und zum Rückzug gezwungen. 480 v. Chr. unternahm Xerxes I. einen weiteren, großen Feldzug nach Griechenland, den er persönlich leitete und der in erster Linie gegen Athen gerichtet war. Zu Lande gelang ihm im Herbst 480 v. Chr. die Einnahme Athens, während seine Flotte bei Salamis von den verbündeten Griechen unter Führung des Themistokles geschlagen wurde. Xerxes kehrte nach dem Winter 479 v. Chr. aus Griechenland nach Kleinasien und von dort nach Susa zurück. Die weiteren militärischen Unternehmungen überließ er seinem Strategen Mardonios, der Athen ein zweites Mal in diesem Jahr eroberte. Allerdings wurden seine Truppen bei Plataiai vernichtend vom Heer des Hellenenbunds unter Führung des spartanischen Königs Pausanias geschlagen. Annähernd zeitgleich zerstörte die griechische Flotte unter dem Kommando des Spartaners Leotychidas und des athenischen Feld-

Die ewigen Feinde der Griechen?

herrn Xanthippos die persischen Flottenkontingente bei Mykale zwischen Samos und der ionischen Küste vollständig. Mit diesen persischen Niederlagen endete die Expansionspolitik der achämenidischen Großkönige. Noch Xerxes I. etablierte eine neue politische Ausrichtung, die eine Stabilisierung des Achämenidenreichs forcierte und für die Sicherung der (westlichen) Grenzregionen verstärkt auf diplomatische Arrangements setzte.

Griechenland als „Borderland": Die neue Westpolitik der achämenidischen Großkönige

In Griechenland wurden die Siege von Salamis, Plataiai und Mykale als Befreiung und Retterleistung gefeiert; zweifellos sah dies der Großkönig ganz anders. Aus seiner Perspektive waren Athen und Eretria erobert und bestraft und Griechenland ein „Borderland" seines Reichs. Sichtbar wird dies möglicherweise an der Bezeichnung dieser Regionen in den königlichen Repräsentationsinschriften. Sie beginnen in der Regel mit einem Abschnitt, der die Legitimation des Großkönigs u. a. durch eine Liste von Ländern illustriert, welche die Größe des Reichsterritoriums skizzierten. Dort sind Griechen als Yaunā (Ionier) aufgeführt, die lediglich unterschieden werden in „Yauna diesseits des Meeres", „Yauna im Meer" und „Yauna jenseits des Meeres". Griechenland wird in diesen großköniglichen Repräsentationsinschriften also als Teil der Bevölkerungsgruppe verstanden, die bereits zum Achämenidenreich gehört, wobei einzelne Poleis wie etwa Athen oder Sparta nicht als einzelne Faktoren berücksichtigt werden. Anders als die griechischen Kollektivbegriffe „Perser" und „Barbaren" für das Achämenidenreich besitzt die Bezeichnung „Yauna" für Griechen(land) jedoch keine negative Konnotation.

Seit dem Xerxes-Feldzug verzichteten alle nachfolgenden achämenidischen Großkönige bis zum Angriff Alexanders des Großen auf weitere Expansionen nach Griechenland. Stattdessen ist aber zu beobachten, dass andere Randbereiche des Achämenidenreichs in den Fokus der königlichen Politik genommen wurden. So haben z. B. die Ausgrabungen von Florian Knauß in Aserbaidschan, im heutigen Kaukasus, Teile einer riesigen Palastanlage bei Karačamirli freigelegt, die offensichtlich unter Xerxes I. begonnen wurde. Die Bedeutung dieses wohl königlichen Palastes ist weitgehend ungeklärt, könnte aber mit der nördlichen Route der sogenannten Seidenstraße und dem Zugang zum Schwarzen Meer

in Verbindung gestanden haben. Zeitgleich fanden große Ausbaumaßnahmen auch in der königlichen Residenz von Persepolis statt. Xerxes I. ließ nicht nur das Regierungsgebäude, den Apadana des Dareios, fertigstellen, sondern legte die gesamte Zugangssituation der Palastterrasse neu an und begann mit dem Bau des Hundert-Säulen-Saals, der erst unter seinen Nachfolgern fertiggestellt wurde.

In Griechenland hatte sich aus dem Hellenenbund der Perserkriegszeit ein Defensivbündnis gegen weitere mögliche Angriffe aus dem Achämenidenreich gebildet, dessen Führung Athen übernahm und zum Attischen Seebund ausbaute. Die Kontrolle und der Einfluss dieses Seebundes erstreckten sich über die Ägäis bis an die kleinasiatische Küste, für welche die Land- und Seeschlacht an der Mündung des Flusses Eurymedon im südkleinasiatischen Pamphylien 465 v. Chr. zweifellos einen Höhepunkt ausmachte. Im Folgejahr brach auch in Ägypten unter der Führung des libyschen Fürsten Inaros ein Aufstand aus. Immerhin gelang es Artaxerxes I., Athen, das mit den Kontingenten des Attischen Seebundes den Aufständischen in Ägypten Unterstützung leistete, 454 v. Chr. bei Memphis zu schlagen und die Aufstände zunächst unter Kontrolle zu bringen.

Für das Achämenidenreich bedeutete diese Entwicklung dennoch einen schweren Rückschlag in der maritimen Politik des östlichen Mittelmeers. Für die griechische Seite dagegen gipfelte dieser Erfolg im sogenannten Kallias-Frieden von 449/448 v. Chr., indem Artaxerxes I. angeblich den Besitz Ioniens und den westlichen Teil Kleinasiens aufzugeben hatte. Plutarch berichtet in der Kimon-Vita als Folge der persischen Niederlage am Eurymedon (465 v. Chr.): „Diese Tat demütigte den Sinn des Großkönigs so

Büste des Themistokles nach griechischem Original aus römischer Zeit im Museo Archeologico Ostiense, Ostia, Rom.

Der persische Großkönig, getragen von den Ländern seines Reiches. Türwangenrelief aus dem 100-Säulen-Saal in Persepolis.

me und Kompetenzen der Statthalter im westlichen Kleinasien, den Satrapen von Lydien und dem Hellespontischen Phrygien, aus, um diplomatisch und teils auch militärisch den Borderlandbereich des Achämenidenreichs im Sinne des Großkönigs zu beeinflussen. Vor allem in der Zeit des Peloponnesischen Kriegs griffen diese beiden Satrapen auf den verschiedenen Seiten des eigentlich innergriechischen Konflikts ein. Xenophon lässt deshalb Tissaphernes, den Satrapen von Lydien, die Handlungsmaxime formulieren, es sei „darauf zu achten, dass nicht irgendwelche Griechen zu mächtig würden, sondern alle gleich schwach seien, indem sie sich gegenseitig bekämpften". Während Tissaphernes die spartanischen Interessen unterstützte, förderte Pharnabazos, der Satrap im Hellespontischen Phrygien die Flottenpolitik Athens, v. a. unter dessen Strategen Konon.

Krieg im Innern des Achämenidenreichs

Der Ausbau von Kompetenzen und Handlungsmöglichkeiten für die Satrapen bedeutete jedoch auch, dass ihre Position gegenüber dem Großkönig gestärkt wurde. Satrapen wie Tissaphernes in Lydien verfügten über große Macht, v. a. wenn sie einen Konkurrenzkampf mit anderen Satrapen führten, Bündnisbeziehungen zu griechischen Polis unterhielten und ihre militärische Mittel ausbauten, indem sie auf eigene Kosten griechische Söldnertruppen anwarben. Die gefährliche Problematik dieser Entwicklung innerhalb des Achämenidenreichs entfaltete sich am Ende des 5. Jahrhunderts v. Chr. und prägte die erste Hälfte des 4. Jahrhunderts v. Chr.

Bereits Dareios II. war 423 v. Chr. durch einen Umsturz an die Macht gekommen, der im Wesentlichen von wohlhabenden und einflussreichen, persischen Aristokraten unterstützt wurde. Zu ihnen gehörten Mitglieder des Königshauses wie der Prinz Arsames, der Satrap in Ägypten war und große private Landgüter in Babylonien besaß. Das Tontafelarchiv der babylonischen Familie Murashu, deren Mitglieder als Geschäftsleute und im Geldverleih tätig waren, dokumentiert, wie persische Großgrundbesitzer, zu denen im Übrigen auch Königinnen und Prinzessinnen gehörten, ihre Besitzungen finanziell hoch belasteten, um den Putsch Dareios' II. zu unterstützen. Dessen erfolgreiche Machtergreifung war ein Beispiel, das zur Nachahmung anregte. Die Niederlage Athens und des Attischen Seebundes in Sizilien 413 v. Chr. sowie die Konsequenzen für die folgende, letzte Phase des Peloponnesischen Kriegs schienen neue Mög-

sehr, dass er jenen berühmten Frieden abschloss, worin er sich verpflichtete, immer einen Tagesritt vom griechischen Meer fernzubleiben und mit keinem erzbeschlagenen Kriegsschiff diesseits der Kyrenaeen und der Chelidonien zu fahren." Abgesehen von der Tatsache, dass die Historizität dieses Friedens mittlerweile in Zweifel gezogen wird, ist fraglich, ob der achämenidische Großkönig überhaupt den Abschluss eines solchen Vertrags anerkannte, geschweige denn politisch umsetzte. Tatsache ist: Artaxerxes I. verfolgte verstärkt die Maxime, eine gewisse politische Stabilität in den westlichen Grenzbereichen des Achämenidenreichs zu garantieren. Er und sein Nachfolger Dareios II. bauten dafür die Handlungsspielräu-

Die ewigen Feinde der Griechen?

lichkeiten zu bieten, die Einflusssphäre der kleinasiatischen Satrapen auszubauen. Immer schwieriger wurde es für den Großkönig, den Einfluss und die politischen Bestrebungen mächtiger Satrapen, wie es Tissaphernes in Lydien war, unter Kontrolle zu behalten.

In Kleinasien hatte der zweitgeborene Königsohn Kyros (der Jüngere) von seinem Vater, dem Großkönig Dareios II., ungewöhnlich große Verwaltungsgebiete und Sonderkommanden in Kleinasien übertragen bekommen. Mit ihnen kontrollierte er den Großteil Kleinasiens, die Satrapien Lydien mit Ionien, Großphrygien (das heutige Zentralanatolien) und Kappadokien (die Gebirgsregionen im östlichen Kleinasien). Obwohl dieser riesige Amtsbereich wohl als Entschädigung für etwaige Thronansprüche gedacht war, plante Kyros einen Umsturz gegen seinen Bruder Artaxerxes II., der 404 v. Chr. die Nachfolge seines Vaters als Großkönig angetreten hatte. 401 v. Chr. zog Kyros mit einem großen Heer, zu dem auch 10 000 griechische Söldner gehörten, von Lydien nach Mesopotamien, fiel aber dort in der Schlacht bei Kunaxa.

Der Aufstand und Tod des jüngeren Kyros hatte weitreichende Folgen innerhalb des Achämenidenreichs. Die Verwaltungsordnung der kleinasiatischen Satrapien, wie sie unter Kyros bestand, wurde wieder aufgelöst. Der Großkönig versuchte, die Stellung der Satrapen stärker zu beschränken, teils durch Verkleinerung ihrer Amtsbereiche, teils durch Regulierungen im Umgang mit eigenen Söldnertruppen, um so die eigene, großkönigliche Position wieder deutlich zu festigen. Diese Umbruchsituation nutzte z. B. Sparta, die verbleibende Hegemonialmacht in Griechenland nach dem Sieg im Peloponnesischen Krieg, Feldzüge auf der Thrakischen Chersonnes sowie in Kleinasien in den Landschaften Aiolis, Ionien und Phrygien bis an den Halys-Fluss zu führen – im eigentlichen Sinn „spartanische Perserkriege". Der Korinthische Krieg Spartas gegen eine Allianz aus Korinth, Argos, Athen und Theben (395–387 v. Chr.) zwang die Peloponnesier schließlich, ihre Unternehmungen in Kleinasien aufzugeben. Am Ende dieses griechischen Konflikts stand die Niederlage Spartas und ein großköniglicher Diktatfriede, der Königs- oder Antalkidas-Friede 387/6 v. Chr. Seine Regelungen wurden als großkönigliches Edikt durch den Satrapen Tiribazos übermittelt, wie Xenophon in den *Hellenika* berichtet.

Selbst in diesem Fall war dem regierenden Großkönig Artaxerxes II. nicht daran gelegen, die Verhältnisse in Griechenland für neue Eroberungszüge zu nutzen. Wichtiger war eine gesicherte Stabilität in den Rand-

Der Palast von Persepolis.

bereiches seines Reichs, denn Artaxerxes II. hatte immer noch mit internen Schwierigkeiten zu kämpfen. Die Feldzüge der spartanischen Feldherren in Kleinasien wurden von achämenidischer Seite jedenfalls als nicht ausreichend gefährlich wahrgenommen, um ein Eingreifen des Großkönigs zu rechtfertigen. Ihre Bekämpfung wurde ausschließlich den Satrapen als zuständigen Regionalverwaltern überlassen. Als längerfristige Folge des Kyros-Zuges entzündeten sich jedoch verschiedene Aufstände: Unter Euagoras auf Zypern, unter Führung des Tennes in Sidon und anderen phoinikischen Städten, seit 366 v. Chr. in Kleinasien, die sogenannten Satrapenaufstände, und ab 361 v. Chr. ein weiterer in Ägypten unter Führung des Tachos und Nektanebos II. In den Thronstreitigkeiten nach dem Tod Artaxerxes' II. 359 v. Chr. setzte sich Artaxerxes III. Ochos durch. Erst ihm gelang es, die Unruhen und Abfallbestrebungen systematisch niederzuschlagen, Ägypten zurückzuerobern und die großkönigliche Kontrolle über das Achämenidenreich wiederherzustellen. In der Folge schränkte er die Macht und Kompetenzen persischer Satrapen in Kleinasien vermehrt ein und hob stattdessen lokale Vertreter in das begehrte Amt des Satrapen. Maussolos, Dynast und König in Karien, ist hierfür ein prominentes Beispiel. Karien wurde vom Amtsbereich Lydien getrennt, als eigenständige Satrapie eingerichtet und die Dynastie des Maussolos, die Hekatomniden, mit deren Verwaltung betraut.

Und doch, von einer Reichskrise kann nicht die Rede sein, vielmehr von dynamischen Umgestaltungsprozessen, in denen die großkönigliche Position gegenüber satrapalen, aristokratischen Interessen und Partikularismustendenzen im Achämenidenreich neu ausgerichtet wurde. Der Herrschaftsanspruch der Achämeniden als derjenigen persischen Dynastie, die den Großkönig stellte, blieb unangefochten bestehen.

Tatsache ist, dass sich das Reichsgebiet der Achämeniden in dessen westlichen Grenzraum nach 479 v. Chr. im 5. und 4. Jahrhundert v. Chr. nicht wesentlich veränderte: griechische Ansprüche und Übergriffe auf achämenidisches Reichsgebiet im westlichen Kleinasien und auf Zypern konnten, wenn überhaupt, nur kurzfristig eingefordert, mittel- und langfristig aber nicht etabliert werden. Stattdessen übernahmen nicht nur die westkleinasiatischen Satrapen, sondern im 4. Jahrhundert auch vermehrt Lokalherrscher wie Maussolos in Karien, Dynasten in Lykien oder ionische und zyprische Poleis eine Art Mittlerfunktion in der Grenz- und Kontaktzone zu den griechischen Einflusssphären. Eine wichtige Rolle spielten dabei nicht nur die Griechen, die sich z. B. als Gesandte, Ärzte oder Mitglieder des Kronrates in den großköniglichen Residenzen aufhielten, sondern auch diejenigen, die als Strategen, teils mit ihren Truppen als sogenannte Söldner angeworben und in den verschiedenen Regionen des Achämenidenreichs, etwa in Lydien, Ionien und Mysien, angesiedelt wurden. So wurde Themistokles, dem Sieger von Salamis, nach seiner Verbannung aus Athen vom Großkönig erlaubt, sich in Kleinasien niederzulassen. Er erhielt für seine Versorgung die kleinasiatischen Städte Magnesia, Myus und Lampsakos. Auch die Söldnerführer Memnon und Mentor, zwei Brüder aus Rhodos, besaßen große Ländereien in der Troas

Die ewigen Feinde der Griechen?

und Phrygien, die *Mémnōnos chōra* – das Memnons-
land, und waren mit den Frauen persischer Adeliger
verheiratet. Es ist Memnon, der nach der Schlacht am
Granikos 334 v. Chr. den persischen Widerstand gegen Alexander in Halikarnassos und später zur See
in der Ägäis organisierte. Wie stark dabei die Ver-
flechtungen in die griechische Politik waren, illustriert eine Inschrift aus Argos (IG IV 556), die in der
Mitte 4. Jahrhunderts v. Chr. die Position der Hellenen
gegenüber dem Gesandten der Satrapen behandelt.
In ihr wird ein „allgemeiner Friede" (*koinē eirene*)
der Hellenen genannt, der auch friedliche Verhältnisse zum Großkönig anstrebte: „Sie (die Hellenen;
Erg. d. Verf.) wissen nicht, dass der König irgendei-
nen Krieg gegen sie führt. Wenn also er sich ruhig
verhält und die Griechen nicht verwickelt, und nicht
versucht, den Frieden, der für uns zustande gekommen ist, durch irgendeine List oder Erfindung zu brechen, werden auch wir uns in Bezug auf den König
ruhig verhalten."

Und auch Philipp II., der König von Makedonien,
schloss 343 v. Chr. angeblich eine Nichtangriffspakt
mit Artaxerxes III., um die bestehenden Verhältnisse
mit dem Perserreich zu sichern. Friedliche Verhältnisse dieser Art lagen umso mehr im Interesse des Achämenidenreichs, als Artaxerxes III. 338 v. Chr. einer
Hofintrige zum Opfer fiel. Dareios III. hatte sich als
neuer Großkönig nun am Hof, in den Residenzen und
im Reichsgebiet zu etablieren. Wie fast bei allen Re-
gierungswechseln im Achämenidenreich waren solche sensiblen Übergangsphasen in der großköniglichen Herrschaft Anlass für Aufstände innerhalb des
Reichsgebiets. So erhob sich in Ägypten der libysche
Fürst Chababasch, wie die Satrapenstele des späteren
hellenistischen Königs Ptolemaios (I.) erkennen lässt.
Laut dieser Stele erwartete Chababasch einen Groß-
angriff Dareios' III. auf das Nildelta, für den der neue
Großkönig bereits die persischen Flottenkontingente
im Mittelmeer zusammengezogen hatte.

Sei es, dass die Restitutionspolitik Artaxerxes' III.
in Griechenland als Erstarken des Achämenidenreichs
und damit als Bedrohung empfunden wurde, sei es,
dass die Aufstände, Abfalltendenzen und herrscherlichen Wechsel des 4. Jahrhunderts als Zeichen einer Schwäche oder Krise gedeutet wurden oder dass
die Niederlage des Attischen Seebundes, der Untergang der Hegemonialmächte Sparta und Theben und
der Aufstieg Makedoniens unter Philipp II. als exis-
tenzielle Notlage in Athen wahrgenommen wurden:
Die Gemengelage dieser Faktoren bildete den Hintergrund für Äußerungen des Isokrates wie die des
Eingangszitats. Tatsache ist: Vor dem Hintergrund
des Königsfriedens, der als großköniglich es Diktat
verstanden wurde, konstruiert er ein Bedrohungsszenario, das auf den Xerxes-Zug ca. 150 Jahre zuvor zurückgreift, von innergriechischen Problemen
ablenken, ein vereinendes, gesamtgriechisches Verständnis ansprechen und in einem panhellenischen
Angriff auf das Perserreich münden sollte.

Alexanders Feldzug nach Osten – keine neue Idee

Eine erfolgreiche Kriegführung griechischer Truppen gegen den Großkönig innerhalb des Achämenidenreichs war freilich kein neuer Plan oder gar eine
ingeniöse Idee Alexanders des Großen. Bereits sein
Vater, Philipp II., hatte 336 v. Chr. mit einem Feldzug gegen Besitzungen des Groß-
königs begonnen. Seine Strategen
Attalos, Amyntas und Parmenion
kämpften mit ihren makedonischen
Truppen in den nordwestkleinasia-

Die sogenannte Dareios-Vase im Archäologischen Museum Neapel zeigt Griechen und Perser im Kronrat des Großkönigs.

Alexanders Feldzug nach Osten – keine neue Idee

tischen Küstenregionen am Hellespont, in Mysien, Troas, Hellespontisches Phrygien und Bithynien. Ein Krieg auf dem Territorium des achämenidischen Perserreichs war unter Philipp II. also bereits in vollem Gange, ohne dass dieser wohl eine Eroberung des gesamten Reichsgebietes bis nach Indien und Afghanistan im Blick hatte. Trotz der Ermordung Philipps 336 v. Chr. in Pella und während der Thronbesteigung seines Sohnes Alexander wurden die makedonischen Kämpfe in Kleinasien weitergeführt. Allerdings wurden sie unter Alexander zu Vorbereitungen eines weit größeren Unternehmens, das mit dem Alexanderzug in einem direkten Angriffs auf die Zentren des Achämendenreichs gipfelte.

Die Idee eines derartigen Eroberungsfeldzugs ist jedoch auch nicht neu, sondern hat sich aus einer langen Reihe einzelner, militärischer Erfahrungen entwickelt. Immer wieder waren nach den Perserkriegen, v. a. seit dem späten 5. Jahrhundert v. Chr. griechische Feldherren mit ihren Truppen nach Kleinasien übergesetzt und hatten dort – mehr oder weniger erfolgreich – Krieg gegen „die Perser", genauer: gegen einzelne persische Satrapen in ihren kleinasiatischen Amtsbereichen geführt. Isokrates betont diese militärischen Unternehmungen in seinen Schriften immer wieder.

Bahnbrechend war der „Zug der Zehntausend" des jüngeren Kyros, den Xenophon, der selbst daran teilgenommen hatte, in seiner *Anabasis* detailliert beschreibt. Der ungehinderte Rückzug der griechischen Söldnertruppe aus Mesopotamien bis ins westliche Kleinasien und Griechenland demonstrierte unverhohlen: Der Großkönig war trotz seiner militärischen Macht nicht in der Lage, eine griechische Phalanx innerhalb seines Reiches aufzuhalten, geschweige denn zu besiegen. Isokrates beschreibt dieses Ereignis als ein Fanal, das dem makedonischen König Philipp II. als Vorbild und Anregung dienen sollte: „Obwohl jene griechischen Soldaten nicht zu einem bloßen Plünderungszug ausgezogen waren und auch nicht bloß ein Dorf besetzt hatten, sondern gegen den Perserkönig selbst angetreten waren, legten sie ihren Heimweg in größerer Sicherheit zurück als Gesandte, die zum Perserkönig kommen, um Freundschaft mit ihm zu schließen."

Alle vergleichbaren Unternehmungen, etwa die des spartanischen Feldherrn Thibron 399 v. Chr. in Ionien, für die er die Reste der 10 000 Söldner Xenophons in sein Heer aufnahm, oder die Feldzüge des spartanischen Königs Agesilaos 396 – 394 v. Chr. in Kleinasien, haben gemeinsam: Die griechischen Phalanxtruppen waren eine Waffe, welcher der Großkönig nichts entgegenzusetzen hatte, selbst wenn er über griechische Söldnereinheiten im eigenen Heer verfügte. Jeder dieser Unternehmungen unterstrich aufs Neue, dass ein griechischer Vorstoß nach Mesopotamien, mithin ein Sieg über die Truppen des Großkönigs durchaus realistisch war.

Angesichts derartiger Erfahrungen fiel die Entscheidung Alexanders für einen derartigen Feldzug gegen den Großkönig weniger nach dem Handlungsprinzip eines vermeintlich traditionellen Feindschaftsverhältnisses. Ausschlaggebend waren wohl eher die aktuelle makedonische Politik und wirtschaftliche Interessen in Abwägung der augenblicklichen, militärischen und politischen Verhältnisse in Griechenland wie auch im Achämenidenreich.

Rückblickend bleibt festzuhalten: Das Verhältnis zwischen den achämenidischen Großkönigen und den Gemeinwesen in Griechenland war zweifellos nicht immer harmonisch, friedlich oder freundschaftlich. Es war im östlichen Mittelmeer als dynamischer Kontaktzone zwischen Griechenland und dem Achämenidenreich von wirtschaftlichen, militärischen und machtpolitischen Interessen bestimmt. Aus Sicht der achämenidischen Großkönige ging es dabei um den westlichen Randbereich ihres multiethnischen Großreichs, für den – jenseits aller regionalen und lokalen Einzelkonflikte – seit dem Ende der Expansionsphase unter Xerxes I. eine dauerhafte Stabilität geschaffen wurde, deren situative Gewährleistung soweit in den Händen der regionalen Statthalter lag, dass keine ernsthafte Gefährdung der Verhältnisse im Gesamtreich entstand. Ein Bedrohungsszenario entsprach wohl der Wahrnehmung einzelner griechischer Städte auf das benachbarte Großreich. Eine „ewige Feindschaft", wie sie Isokrates beschwört, gehörte dabei aber eher zu den ideologisierten Argumentationsstrategien griechischer Politik als zu den Handlungsmaximen der achämenidischen Großkönige.

Hilmar Klinkott, geb. 1971, ist Professor für Alte Geschichte an der Universität Kiel. Seine Spezialgebiete sind die achaimenidische und hellenistische Geschichte.

Issos, Syrien und Ägypten

Holger Sonnabend

Zu den bekanntesten Daten aus der antiken Geschichte zählt zweifellos das Jahr 333 v. Chr., in dem die Schlacht von Issos in Kilikien stattfand. Issos markiert eine entscheidende Zäsur in der Karriere Alexanders des Großen. Denn jetzt, mit dem Sieg über den persischen Großkönig Dareios III., vollzog der makedonische König die Wende von einer zeitlich und räumlich begrenzten Militäraktion zu einem weit ausgreifenden Unternehmen mit dem ehrgeizigen Ziel, das gesamte Reich der Perser zu unterwerfen.

Als Alexander im Jahr zuvor mit seiner Armee die Dardanellen überquert hatte, lautete die offizielle Agenda bescheidener: Befreiung der Griechen in Kleinasien von der persischen Herrschaft. So hatte es bereits sein ermordeter Vater Philipp geplant und die Aktion gleichzeitig als „Rachefeldzug" für den Angriff deklariert, den der Perserkönig Xerxes gut 150 Jahre zuvor auf Griechenland unternommen hatte. Diese Parole übernahm Alexander gerne als Motivation für die Griechen, die in seinem Heer kämpften, und als Sympathiewerbung bei den Griechen in der Heimat, die der makedonischen Herrschaft nach wie vor skeptisch gegenüberstanden. Die Größe von Alexanders Heer entsprach der anfangs begrenzten Zielsetzung. Unterwegs war er mit 30 000, maximal 35 000 Mann – die Angaben in den Quellen sind nicht einheitlich. Kerntruppe war die aus Makedonen bestehende Phalanx, ausgerüstet mit Helm, Le-

derpanzer, Beinschienen, Rundschild, Schwert und Lanze. Eine Spezialität der Bewaffnung waren die Sarissen, etwa fünf Meter lange Lanzen, dazu gedacht, im Gefecht die Gegner auf Abstand zu halten. Die Reiterei wurde von den „Königsfreunden" und dem makedonischen Adel gestellt. Dazu kamen die Kontingente der griechischen Bundesgenossen. Zum Tross gehörten ferner Spezialisten wie Ingenieure, Techniker, Schrittmesser, auch Geografen und Historiker. Letztere nahm Alexander mit, damit die Großtaten, die er zu vollbringen beabsichtigte, auch entsprechend dokumentiert und gewürdigt wurden.

Am Fluss Granikos im Nordwesten Kleinasiens fand im Frühjahr 334 v. Chr. die erste von drei großen Alexanderschlachten statt. Alexanders Gegenüber als Feldherr war hier noch nicht der Perserkönig selbst. Noch glaubte der im fernen Susa residierende

Alexander bei der Schlacht am Granikos. Gemälde von Charles Le Brun, 1665.

Großkönig Dareios III. nicht an eine ernsthafte Bedrohung. Dass es an der Peripherie seines Imperiums zu Einfällen kam, war nichts Ungewöhnliches. Meistens bekam man solche Zwischenfälle jedoch sehr schnell in den Griff.

Die Aufgabe, die Eindringlinge aus dem Westen zu stoppen, übertrug er den zuständigen Satrapen. So nannten die Perser jene Adligen, die für die Verwaltung der einzelnen Provinzen des riesigen Reiches verantwortlich waren. Der aus Rhodos stammende Söldnerführer Memnon hatte eine Politik der „verbrannten Erde" empfohlen. Doch die Satrapen entschieden sich für eine offene Auseinandersetzung – wie sich zeigte, ein fataler Irrtum. Denn in der Schlacht am Granikos hatten die Perser keine Chance. Alexander siegte souverän, vor allem dank seiner flexiblen Kavallerie und der massiven Phalanx der Fußsoldaten, der Hopliten. Der Sieg am Granikos steigerte sein Selbstbewusstsein in gleicher Weise, wie es den Nimbus der Unbesiegbarkeit seiner Gegner ins Wanken brachte.

Wahrscheinlich verbuchte man das Ereignis am persischen Hof jedoch noch unter der Rubrik „Betriebsunfall" und erklärte es mit der Unfähigkeit der beauftragten Militärs.

In den folgenden Monaten vertrieb Alexander, so, wie es in der offiziellen Propaganda vorgesehen war, die persischen Besatzungen aus den Griechenstädten an der Westküste. Er ließ sich als Befreier feiern und besetzte in den Städten die politischen Ämter mit Leuten, auf deren Loyalität er sich, wie er glaubte, verlassen konnte.

Gemessen an den zuvor formulierten Kriegszielen war die Mission Alexanders nun erfüllt. Doch statt, wie es auch die Soldaten erwarteten, in die Heimat zurückzukehren, setzte er den Feldzug fort. Über Lykien und Pamphylien zog er ins Landesinnere Anatoliens und kam gegen Ende des Jahres nach Gordion. In der altehrwürdigen Königsstadt der Phryger überwinterte er mit seiner Armee und machte sich erstmals unsterblich, als er den „Gordischen Knoten" durchtrennte. Nach einem alten Orakelspruch war damit die Herrschaft über Asien verbunden. Da-

Das Stadttor von Gordion, der Hauptstadt des Phryger-Reiches, etwa 80 Kilometer westlich vom heutigen Ankara.

ran dürfte Alexander zu diesem Zeitpunkt noch nicht gedacht haben. Vielmehr verfolgte er nun die Strategie, die militärische Infrastruktur der Perser weiter zu schwächen, die durch den Feldzug Alexanders an der Westküste Kleinasiens bereits einige Risse erhalten hatte. Vom Lande her die Flottenbasen der Perser in Angriff zu nehmen, lautete das Kalkül des makedonischen Königs. So hatte er schon gleich am Anfang seines Zuges den Persern mit Ephesos einen wichtigen Hafen abgenommen.

Als der Winter vorbei war, führte Alexander das Heer über das Taurusgebirge nach Süden Richtung Mittelmeerküste. Inzwischen war aber auch Dareios zu der Einsicht gelangt, dass Alexander ein ernstzunehmender Gegner war. Der Monarch stand zudem unter massivem innenpolitischen Druck. Die Eliten des Reichs verlangten Erfolge. Dass ein fremder Invasor gleichsam im Spaziergang vom Nordwesten bis zum Südosten Kleinasiens gezogen war, wurde dem Großkönig persönlich angelastet. Er verließ also seine Königsresidenzen in den persischen Kerngebieten, machte sich auf in Richtung Westen und stellte aus den Kontingenten der Satrapen eine Armee zusammen. Und er zielte auf eine direkte Auseinandersetzung. Nur in der siegreichen Schlacht, im Angesicht

des Feindes, konnte der Herrscher nach Lesart der Perser jenes Prestige gewinnen, dass ihm als erfolgreichem Heerführer auch für die Zukunft den Thron sicherte.

Dass es im November 333 v. Chr. ausgerechnet bei der Stadt Issos zur Schlacht kam, war nicht von vornherein so vorgesehen, sondern ergab sich aus einer fast kuriosen Situation. Issos lag in der antiken Landschaft Kilikien, am Fluss Pinaros, in der Nähe der heutigen Stadt Iskenderun im Grenzgebiet der Türkei zu Syrien. Sowohl Alexander als auch Dareios waren mit ihren Heeren durch das Amanosgebirge gezogen, jedoch über verschiedene Pässe und ohne Kenntnis der Bewegungen des jeweils anderen. Dareios hatte bei dieser Konstellation das bessere Los gezogen, denn plötzlich stand er mit seinem Heer im Rücken der Makedonen. Manche Quellen beziffern die Heeresgröße des Dareios auf nicht weniger als 400 000 Mann, also etwa zehnmal so viel militärisches Personal, wie Alexander zur Verfügung hatte. Plutarch spricht in seiner Alexander-Biografie sogar von einer Truppenstärke von 600 000. Doch diese Angaben sind maßlos übertrieben. Sie sollten den letztlichen Sieg Alexan-

Alexander durchschlägt den Gordischen Knoten, an dessen Lösung die Herrschaft über Asien geknüft ist. Gemälde (1767) von Jean Simon Berthélemy.

ders bei Issos wohl als noch be-
deutender erscheinen lassen, als
er es ohnehin schon war. Aber
richtig ist, dass die Truppen des
Dareios denen Alexanders zahlenmäßig weit überlegen waren.

Doch es zeigte sich bei Issos einmal mehr, dass
Alexander ein überragender Motivator und Organisator war. Seine Truppen standen fest hinter ihm,
hatten sich in den Monaten zuvor bereits perfekt ein-
spielen können. Dareios verfügte dagegen über ein
sehr heterogen zusammengesetztes Aufgebot. Zwar
gab es kampferprobte Eliteeinheiten, auch die etwa
15 000 griechischen Söldner, die in seinen Diensten
standen, hatten herausragende militärische Qualitäten. Die Masse der übrigen Krieger aber war, nachdem Alexander von Gordion aus Richtung Syri-
en marschiert war, eiligst zusammengestellt worden
und präsentierte sich eher als eine bunt zusammen-
gewürfelte Truppe denn als eine kompakte militärische Einheit. Einfach war die Aufgabe jedoch nicht,
der Kampf tobte lange Zeit unentschieden, bevor es
Alexander gelang, ins Zentrum des persischen Auf-
gebots vorzustoßen, wo sich auch Dareios auf seinem

Streitwagen befand. Als der Makedone anstürmte, ergriff der Großkönig eiligst die Flucht – vermutlich jene Szene, die auf dem berühmten Alexandermosaik aus der Casa del Fauno in Pompeji dargestellt
ist (wenn es sich nicht, was in der Forschung ebenfalls diskutiert wird, um ein Detail aus der späteren
Schlacht von Gaugamela handelt).

Der fliehende König – dieses Bild war nicht ge-
eignet, das Prestige des Dareios bei seinen Soldaten, dem stets kritischen persischen Adel und der Bevölkerung zu steigern. Im Gegenteil: Issos war für
den auf Erfolge angewiesenen Großkönig ein Deba-
kel, und dies nicht nur militärisch, sondern auch persönlich. Wie bei seinen Feldzügen üblich, hatte er
sich auch in diesem Fall von seiner Familie begleiten
lassen. Während ihm selbst die Flucht zum Euphrat
gelang, wurden Mutter, Bruder und Sohn Alexanders Geiseln. Damit nicht genug. Als Folge des Sie-
ges fiel Alexander in Damaskus, im Standlager des
Königs, dessen Kriegskasse in die Hände. Diese war
mit 2600 Talenten Münzgeld so gut bestückt, dass
sich der Makedone um die Finanzierung seiner weiteren Unternehmungen keine Sorgen mehr zu machen brauchte.

Der Weg nach Syrien

Für Alexander war nach Issos die weitere Marschroute klar. Seine Strategie, sich auf die persischen Flottenbasen zu konzentrieren, hatte sich als das richtige Rezept erwiesen. Daher war die an sich naheliegende Verfolgung des Dareios für ihn zunächst kein Thema, auch wenn er nach Issos den Beschluss gefasst hatte, nun die Eroberung des gesamten Reichs der Achämeniden ins Auge zu fassen. Über diese neue Zielsetzung ließ er Dareios, der Alexander nach Issos eine Serie von Briefen zukommen ließ, nicht im Zweifel. In diesen Briefen machte der Perser Alexander immer größere Zugeständnisse. So bot er ihm in einem ersten Schreiben einen Friedensvertrag an und bat um die Freilassung seiner Familie. Alexander lehnte beides ab, stellte im Gegenzug die Legitimität des Königs infrage und forderte ihn unumwunden auf, ihn selbst als „König von Asien" anzuerkennen. Verbunden war diese Forderung mit der Drohung einer Fortsetzung des Kriegs.

Während der angeschlagene Großkönig damit beschäftigt war, die Niederlage zu verarbeiten, sich zu sammeln und seine Zukunft zu planen, zog Alexander mit seinem Heer entlang der Küsten des östlichen Mittelmeeres nach Syrien und in den Libanon. Hier befanden sich weitere wichtige Stützpunkte der Perser, die er in seine Gewalt bringen wollte. Vor allem aber lockte Ägypten, das einst so bedeutende, ruhmreiche Land am Nil, das ebenfalls zum Herrschaftsbereich der Perser gehörte. Doch zunächst galt es, sich in Syrien und im Libanon durchzusetzen. Die Städte, auf die Alexander hier traf, trugen allesamt bekannte Namen mit einer großen Geschichte. Denn von hier aus waren Jahrhunderte zuvor die legendären Phönizier mit ihren schnellen Schiffen gestartet und hatten ein Handelsimperium gegründet, das sich vom Libanon bis nach Spanien erstreckte.

Nun waren diese alten Städte persisch geworden. Das bedeutete konkret: Sie wurden von persischen Statthaltern regiert – oder auch von einheimischen Adligen, die sich aus Karrieregründen mit den fremden Herrschern arrangiert hatten – und von militärischen Besatzungen kontrolliert. Die meisten Städte scheuten den

Gold-Münze (Dareike) von Dareios' III.: Der König im Laufschritt mit Bogen und Wurfspieß.

Griechen mit ihrem Herakles identifizierten, ein Opfer darzubringen, verweigerten die Verantwortlichen dem König das Betreten der Stadt. Das war nun ein mehr als unfreundlicher Akt, verstand Alexander die beabsichtigte Kulthandlung doch als eine Reverenz an die Bewohner von Tyros und ihrem wichtigsten Gott. In Teilen der Forschung kursiert die Auffassung, man habe in Tyros befürchtet, der makedonische König, der sich schließlich auf einem Eroberungszug befand, sei nur auf der Suche nach einem geeigneten Vorwand gewesen, um in die Stadt zu kommen und sie in Besitz zu nehmen. Das war aber sicher nicht der Fall. Melkart ein Opfer darzubringen, war ein ehrlicher Wunsch. Alexander hatte ein Faible für solche symbolhaften Handlungen, wie er zuvor bereits, am Anfang seines Feldzuges, in Troja unter Beweis gestellt hatte. Hier hatte er das Grabmal des Achill besucht und bekränzt, zudem dem Tempel der Athena seine Rüstung als Weihgeschenk dargebracht und dafür Waffen an sich genommen, die, wie man ihm sagte, noch aus dem Trojanischen Krieg stammten.

In Wirklichkeit scheint es so zu sein, dass man in Tyros schlicht zu stolz war, einen König der Makedonen, der sich auf einem Kriegszug befand, in seine Mauern zu lassen. Immerhin nahm es in der illustren Riege der ohnehin schon bedeutenden Phönizierstädte im Libanon sogar noch eine Spitzenposition ein. Hier wurden einst unermessliche, in lukrativen Handelsgeschäften erworbene Reichtümer angehäuft. Es waren weitsichtige Kaufleute aus Tyros gewesen, die am Ende des 9. Jahrhunderts v. Chr. in Nordafrika, im heutigen Tunesien, die Stadt Karthago gegründet hatten. Sie entwickelte sich ihrerseits zu einer der mächtigsten Handelsmetropolen in der mediterranen Welt und war später in den Punischen Kriegen ein fast gleichwertiger Gegner der aufstrebenden Großmacht Rom. Eine Stadt mit einer solchen Gloriole konnte es, selbst wenn die ganz großen Zeiten inzwischen vorbei waren, auch mit einem Alexander aufnehmen. Alexander auf der anderen Seite konnte den Affront nicht dulden. Wenn er keine Sanktionen ergriff, stand sein frisch erworbenes Prestige als Siegertyp auf dem Spiel. Also entschloss er sich dazu, den Zutritt zur renitenten Stadt mit Gewalt zu erzwingen.

Dieses Unterfangen erwies sich jedoch als weitaus schwieriger, als es Alexander sich vorgestellt hatte. Das größte Hindernis war die für eine auch längere Belagerung günstige Verteidigungssituation von Tyros. Die Stadt lag auf einer 800 Meter von der Küste

Konflikt mit Alexander und schickten ihm Gesandte entgegen mit der Botschaft, sich freiwillig und kampflos zu ergeben. Dazu gehörten Vertreter von so namhaften Orten wie Arados, Marathos, Byblos und Sidon. Die Kapitulation gerade der letzten beiden konnte Alexander als einen großen persönlichen Erfolg verbuchen, zählten sie doch zu den prominentesten unter den ehemaligen Metropolen der Phönizier. Byblos, dreißig Kilometer nördlich vom heutigen Beirut gelegen, gehörte sogar zu den ältesten Städten im Vorderen Orient und verdankte seinen Reichtum dem lukrativen Handel mit dem begehrten Zedernholz.

Sidon, das moderne Saida, kam durch den Export von Glas und Purpur zu Wohlstand. Von Gesandten dieser Städte hofiert zu werden, schmeichelte einem Alexander, der sich bei allem Pragmatismus in militärischen und politischen Angelegenheiten auch eine fast romantische Neigung zu alten Städten, Kulturen und Religionen bewahrt hatte.

Die Belagerung von Tyros

Aber nicht überall in Phönizien verlief die makedonische Machtübernahme so glatt und reibungslos. Die Stadt Tyros leistete unerwarteten Widerstand. Zwar stimmte auch sie formell der Anerkennung der makedonischen Herrschaft zu. Als Alexander aber den Wunsch äußerte, dem Stadtgott Melkart, den die entfernten Insel. Es dauerte sieben Monate, von Februar bis August 332 v. Chr.., bis es Alexander gelang, das Bollwerk zu durchbrechen. Gefragt war dabei der Erfindungsreichtum seiner Ingenieure. Der Bau zweier Dämme führte nicht zum Erfolg, weil die darauf installierten Belagerungsgeräte von den Verteidigern zerstört wurden. Der Versuchung, die Belagerung aufzugeben und einfach weiterzuziehen, gab Alexander indes nicht nach. Das Risiko, bei dem geplanten Weiterzug nach Ägypten einen mächtigen Gegner mit einem wichtigen Flottenstützpunkt der Perser im Rücken zu haben, erschien ihm zu groß.

Hochkonjunktur hatten während der langen Wartezeit professionelle Wahrsager und Traumdeuter, allen voran Aristandros aus Telmessos, der schon Alexanders Vater Philipp als Medium zu den Göttern gedient hatte und der nun mit dessen Sohn unterwegs war. Alexander galten, wie den meisten Griechen, Träume als Zeichen oder Offenbarungen der Götter. Einer seiner Träume in Tyros handelte von einem Satyr, einem Mischwesen aus Mensch und Pferd, das zum Gefolge des Gottes Dionysos gehörte. Erst nach langen Bemühungen gelang es ihm im Traum, einen solchen Satyr zu fangen. Zur Freude des Königs hatten die Deuter eine optimistische Erklärung parat: Das griechische Wort *Satyros* musste nur als *sa-tyros* gelesen werden, und das bedeutete: „Tyros wird dein werden." Kein Wunder, dass bei solchen erfreulichen Prognosen Traumdeuter zu den höchstbezahlten Berufen der Antike gehörten.

Den Durchbruch bei der Eroberung von Tyros erzielte Alexander schließlich, als er vor der Stadtmauer eine Plattform aus Schiffen errichten ließ, von denen aus er die Stadt so lange unter Beschuss nahm, bis sie sturmreif war und Spezialtruppen ins Innere eindrangen. Nach erbitterten Straßenkämpfen musste Tyros kapitulieren. Das Strafgericht war drastisch: 8000 Bewohner wurden getötet, Zehntausende in die Sklaverei geschickt, andere entlang der Küste in einer makabren Zeremonie ans Kreuz geschlagen. Diese brutale Reaktion hatte ihre

Rekonstruktionszeichnung der phönizischen Stadt Tyros im Libanon.

Alexanderkopf, vermutlich aus Alexandria (London, British Museum).

Gründe. Alexander hatte in Tyros viel Zeit verloren, dafür musste die widerspenstige Stadt büßen. Und er wollte möglichen Nachahmern ein deutliches, abschreckendes Warnsignal geben: Einen Alexander hält man nicht auf. Bezeichnend auch, dass er nach der Einnahme der Stadt demonstrativ jenes Melkart-Opfer vollzog, das man ihm sieben Monate zuvor verwehrt hatte – so als habe die ganze umständliche Belagerung nur aus dem einen Grund stattgefunden, Alexander eine Kulthandlung ausführen zu lassen.

Ägypten oder die Sehnsucht nach dem Fernen

In der Zwischenzeit war ein weiteres Schreiben des persischen Königs eingetroffen. Dareios machte Alexander darin bemerkenswert weitgehende Angebote: Abtretung aller persischer Territorien westlich des Euphrat, Anerkennung Alexanders als eines gleichberechtigten Partners, eine dynastische Verbindung mit dem Herrscherhaus der Achämeniden in Form einer Heirat Alexanders mit einer Tochter des Dareios, ein Lösegeld von 10 000 Talenten für die Freilassung der königlichen Familie. Wenn der stolze Perserkönig, der sich nach dem Selbstverständnis der Dynastie seit den Tagen des großen Kyros allen anderen Machthabern auf der Welt meilenweit überlegen

fühlte, zu solchen Zugeständnissen bereit war, zeigt dies, wie sehr er seinen Gegner inzwischen fürchtete. Hätte Alexander akzeptiert, wäre er so gut dagestanden, wie er es sich am Anfang des Feldzuges vermutlich selbst nicht erträumt hätte. Das Angebot des Dareios ging weit über die makedonische Vorkriegspropaganda hinaus, der zufolge man sich die Befreiung der kleinasiatischen Griechen und Rache für die Invasion Griechenlands durch Xerxes auf die Fahnen geschrieben hatte.

Doch Alexander lehnte ab. Und dies, obwohl viele der Soldaten, die mit ihm nun bereits über zwei Jahre unterwegs waren und die auch nur mit einer zeitlichen begrenzten Unternehmung gerechnet hatten, in die Heimat zurückkehren wollten. Auch seine engsten Berater drängten ihn dazu, die Offerte anzunehmen. In diesen Kontext gehört ein klassisch gewordener Dialog zwischen Alexander und seinem wichtigsten Helfer Parmenion. Dieser war Teil der alten Garde makedonischer Offiziere, hatte schon Alexanders Vater Philipp treu gedient und stand für eine realistische Politik mit Augenmaß. Schon vorher war er gelegentlich als mahnendes Gewissen gegenüber hochfliegenden Plänen des jungen, tatendurstigen Königs in Erscheinung getreten. Als im engsten Führungszirkel über das Angebot des Dareios diskutiert wurde, sagte Parmenion laut Plutarch: „Ich würde es annehmen, wenn ich Alexander wäre." Darauf Alexander: „Ich auch, wenn ich Parmenion wäre!"

Und weil Alexander nicht Parmenion, sondern Alexander war, zog er nach dem Fall von Tyros weiter südwärts Richtung Ägypten. Damit gab er Dareios Gelegenheit, sich in seiner prekären Situation weiter zu konsolidieren und neue Kräfte und Ressourcen zu mobilisieren. Aber das nahm Alexander in Kauf. Nach Ägypten zu kommen, hatte für ihn Priorität, und dies nicht nur aus militärischen und strategischen Gründen. Natürlich ging es vor allem darum, die Perser zu vertreiben, die von hier aus das östliche Mittelmeer kontrollierten. Es ging auch um die Reichtümer des Landes, um Ressourcen wie Getreide und Papyrus. Aber das uralte Land am Nil aktivierte auch die bei Alexander immer präsente Komponente seines charakterlichen Profils, die die antiken Quellen als „Pothos" bezeichnet haben. Darunter verstanden die Griechen eine irrationale Sehnsucht nach Fernem und Fremdem. Wie viele andere Menschen fühlte sich Alexander angezogen von den Wundern, den Geheimnissen und der Faszination des alten Reichs der Pharaonen, von der Religion und den einzigartigen Denkmälern.

Und so bewegte sich der Tross im Herbst 332 v. Chr. an der Küste des östlichen Mittelmeers entlang auf Ägypten zu. Ein Abstecher nach Jerusalem stand nicht auf dem Programm, auch wenn dies jüdische Quellen wie der Historiker Flavius Josephus behaupten. Dem Hohepriester soll er seine Ehrerbietung erwiesen, dem Tempel der Juden einen ehrenden Besuch abgestattet haben. Und großzügig habe er den Juden die Befreiung von Steuern gewährt und die Erlaubnis erteilt, nach den Sitten der Väter zu leben. Die Glaubwürdigkeit dieser Nachrichten liegt allerdings im unteren Wahrnehmungsbereich. Es hat vielmehr den Anschein, als hätten die jüdischen Autoritäten Alexanders Besuch und all diese Privilegien erfunden, um mit Berufung auf den großen Makedonen ihre Situation unter der bedrückenden Herrschaft der nachfolgenden Dynastien von Seleukiden und Ptolemäern zu verbessern.

In Gaza, Einfallstor zu Ägypten und Knotenpunkt von Karawanenwegen, stieß Alexander auf heftigen Widerstand. Der persische Kommandant Batis organisierte eine Blockade; der offenkundig überraschte Alexander musste das in Tyros optimistisch zurückgelassene Belagerungsgerät holen lassen. Der Kampf um Gaza dauerte zwei Monate, Alexander selbst wurde dabei verwundet. Wie Tyros musste auch Gaza bitter dafür büßen, dass es gewagt hatte, sich dem großen Alexander in den Weg zu stellen. Die Bewohner wurden getötet oder, im Falle der Frauen und Kinder, versklavt. Dem Anführer Batis wurden die Fersen durchbohrt, er wurde an einen Streitwagen gebunden und zu Tode geschleift.

In Pelusion, an der Mündung des östlichen Nilarms gelegen, war der Empfang eher so, wie ihn Alexander sich gerne vorstellte. Die Bevölkerung säumte die Straßen, jubelte ihm zu und begrüßte ihn als Befreier. Die Euphorie war – zum Teil wenigstens – inszeniert. Natürlich wusste man in Pelusion, was wenige Tage zuvor in Gaza passiert war. Daher war man bestrebt, nicht den leisesten Verdacht von Widerstand aufkommen zu lassen. Zu einem großen

Teil aber war die Begeisterung auch echt. Die Perser hatten sich in Ägypten als Fremdherrscher nicht sonderlich beliebt gemacht. Im Gegenteil: Im Land am Nil waren sie von ihrer sonstigen Maxime abgewichen, die Gebräuche und Lebensformen der von ihnen beherrschten Völker zu respektieren (was sie nicht aus humanitären Gründen taten, sondern weil sie damit auf Akzeptanz für ihre Herrschaft hofften). Zu provozierend erschienen ihnen die Ägypter mit ihren Göttern, die sie sogar in Form von Tieren verehrten, und zu mächtig waren ihnen ihre Priester. Repressive Maßnahmen beantwortete die Bevölkerung mit Widerstand. Es war gerade einmal zehn Jahre her, dass die Perser unter ihrem Großkönig Artaxerxes III. einen Aufstand niedergeschlagen hatten.

Unter Alexander, so dachten die Ägypter, konnte es nur besser werden, und so verabreichten sie ihm als Vertrauensvorschuss eine ordentliche Dosis an Sympathiebeweisen. Die Zuneigung aber war durchaus gegenseitig, und Alexander war sicher froh, bei der Eroberung des Nillandes keine militärische Gewalt anwenden zu müssen. Bei seinem Faible für die ägyptische Kultur hatte er kein Interesse an Konflikten. Diese traten auch deswegen nicht ein, weil Mazakes, der persische Satrap, in realistischer Einschätzung seiner Erfolgsaussichten auf kriegerische Aktionen verzichtete. Er hatte wohl bei Dareios nachfragen lassen, wie es mit der Entsendung von Truppen aussah, doch der Achämenide war damit beschäftigt, seine eigene Position zu verbessern, um bei der unweigerlich anstehenden finalen Auseinandersetzung mit Alexander ein zweites Issos zu verhindern.

Alexanders nächstes Ziel in Ägypten war die alte Königsstadt Memphis, wo einst die Pharaonen der ersten Dynastien ihre Residenz errichtet hatten. Mit seinen Landtruppen zog Alexander an der „Sonnenstadt" Heliopolis, einem der religiösen Zentren des Alten Reiches, durch die Wüste an die Spitze des Nildeltas nach Memphis. Die Flotte folgte von Pelusion aus auf dem Fluss. Hier stand der Satrap Mazakes mit ägyptischen Honoratioren bereit, um Alexander einen standesgemäßen Empfang zu bereiten. In einem formellen Akt übertrug der Perser dem Makedonen die Regierungsgewalt. Und dann wurde aus dem König Alexander der Pharao Alexander. Die Priester von Memphis statteten ihn feierlich mit den Weihen der alten Herrscher von Ägypten aus. Für Alexander war diese Zeremonie aus mehreren Gründen von besonderer Bedeutung. Pharao des von ihm so bewunderten Ägypten zu sein war wie die Erfüllung eines

Traums. Dazu kam: Es war ihm wichtig, in Ägypten nicht als Nachfolger der persischen Achämeniden, sondern der einheimischen Pharaonen zu gelten. Und schließlich entsprach die Beförderung zum Pharao seiner machtpolitischen Konzeption, nicht als Fremdherrscher aufzutreten, sondern sich vorgefundenen Herrschaftsstrukturen anzupassen und damit bei der Bevölkerung Vertrauen zu gewinnen.

In der Folgezeit erschien Alexander nun, in bester Gesellschaft mit früheren Pharaonen, im königlichen Ornat und mit eigener Kartusche auf Tempelwänden, wie beispielsweise in Luxor der Fall, wo man sein Bild als Pharao bis heute bewundern kann. In den Hieroglyphentexten tauchte sein Name in vollständiger pharaonischer Titulatur auf. Und der neue Pharao aus dem Westen sammelte weiter fleißig Pluspunkte, indem er, wo er konnte, den ägyptischen Kulten seine Reverenz erwies. In Memphis wurde seit den Zeiten der alten Pharaonen der Apis-Stier verehrt, der als Inkarnation des Gottes Ptah galt. Wenn er starb, gab es in der Nekropole von Sakkara eine feierliche Begräbniszeremonie. Danach machten sich die Priester von Memphis in ganz Ägypten auf die Suche nach einem geeigneten Nachfolger. Einstellungsvoraussetzung waren unter anderem Flecken an genau bestimmten Körperteilen. Der heilige Stier lebte bis zu seinem Tod in seinem Heiligtum in Memphis und empfing dort die Opfergaben. Auch Alexander reihte sich in die Schar der Verehrer ein und überbrachte ein Weihgeschenk. Die Ägypter wussten diese Gesten zu schätzen und erinnerten sich auch daran, was die Chroniken über den Perserkönig Kambyses berichteten, der 525 v. Chr. Ägypten erobert hatte und der als unfreundliche Geste den Apis-Stier in Memphis hatte töten lassen. Alexander hingegen wies sich mit seiner Opferhandlung als ein echter Ägypter aus.

Ein urbanes Denkmal –
Die Gründung Alexandrias

Mit der Einnahme von Ägypten und der Krönung zum Pharao war Alexanders Agenda im Nilland noch nicht beendet. Das folgende Jahr 331 v. Chr. begann für ihn mit der Gründung einer neuen Stadt. Sie erhielt den Namen Alexandria, entwickelte sich zu einer Großstadt und ist heute nach Kairo die zweitgrößte Stadt in Ägypten mit über fünf Millionen Einwohnern. Alexandria war die erste von vielen weiteren Stadtgründungen, die Alexander im Laufe seiner Feldzüge vornahm. Alexandria in Ägypten aber bedeutete ihm besonders viel, was sich schon daran ablesen lässt, dass er persönlich den Platz aussuchte, wo sie errichtet werden sollte. Und er war auch aktiv an der Konzeption der Bauten und Anlagen beteiligt.

Für sein urbanes Projekt wählte Alexander ein Gebiet am westlichen Nilarm, wo sich bis dahin nur ein kleines Dorf befand. Seine Scouts, die er vorausgeschickt hatte, bevor er selbst an Ort und Stelle erschien, hatten ganze Arbeit geleistet. Gegenüber lag die Insel Pharos, wo die Ptolemäer als Erben Alexanders in Ägypten später den berühmten Leuchtturm errichteten, der später zu den Sieben Weltwundern gezählt wurde. Landzunge und Insel wurden durch einen Damm verbunden. Auf diese Weise entstand ein Doppelhafen mit dem Vorteil, gleich zweifachen Schut vor den Winden zu bieten. Günstig war ferner der natürliche Schutz der entstehenden Stadt. Von der Landseite gab es nur zwei leicht zu verteidigende, schmale Zugänge. Zur Meeresseite schützten die beiden Häfen, im Süden diente die Mareotissee als Begrenzung.

Lage und Ausrichtung sind deutliche Hinweise darauf, was Alexander mit dieser Stadtgründung bezweckte. Alexandria sollte eine wichtige Hafenstadt werden, über die der Handel zwischen dem östlichen Mittelmeer auf der einen und Ägypten, Arabien und dem Vorderen Orient auf der anderen Seite abgewickelt werden konnte. In dieser Eigenschaft diente sie auch als Ersatz für Tyros und Gaza, deren Häfen durch Alexanders Belagerungen stark gelitten hatten. Ideal war die Position der neuen Stadt auch aus strategischen Gründen. Von hier aus konnten der östliche Mittelmeerraum mit seinen Inseln, Nordafrika und die Küsten der Levante effizient kontrolliert werden.

Alexander aber wäre nicht Alexander gewesen, hätte er die neue Stadt nicht auch als Prestigeobjekt betrachtet. Als Bewunderer Ägyptens war es für den makedonischen König, der sich nun auch Pharao nennen durfte, ein besonderes Anliegen, sich auf dem Boden dieses Landes als Gründer einer Stadt zu verewigen. Dass diese Stadt „seine" Stadt war, machte er von Anfang an deutlich, nicht nur in dem Namen, den er ihr gab. Er nahm sich die Zeit – so, als ob nicht Dareios und das Perserreich auf ihn warten würden –, die ersten Arbeiten am Aufbau der Stadt persönlich zu beaufsichtigen. Die Stadtmauer wurde als ein langes, schmales Rechteck in der Form eines makedonischen Mantels, des Chlamys, angelegt. Die Ausführung der Pläne überließ der König einem Architekten, der in seiner Berufssparte zur absoluten Prominenz zählte. Jener Deinokrates, der aus Rho-

dos, vielleicht auch aus Makedonien stammte, soll, wie eine nicht über jeden Zweifel erhabene antike Erzählung wissen will, Alexander auch den kühnen Vorschlag unterbreitet haben, den Berg Athos in Griechenland in eine überdimensionierte Statue des Königs umzuwandeln.

Die Straßen gestaltete der Architekt nach dem bei griechischen Neugründungen populären „hippodamischen Prinzip", benannt nach dem großen Städtebauer Hippodamos aus Milet, der im 5. Jahrhundert v. Chr. lebte und wirkte. Die Straßen kreuzten sich dabei, wie bei einem Schachbrett, nach einem rechtwinkligen System. Auch in dieser Hinsicht hatte Alexander Großzügigkeit und Pracht verordnet: Alexandria sollte nicht eine kleine Provinzstadt sein, sondern eine Großstadt werden. Die Ost-West-Hauptstraße war gut dreißig Meter breit und ließ noch viel Platz für große Häuser und prächtige Tempel. Der Umfang der Alexander-Stadt, der in den folgenden Jahrhunderten, unter Ptolemäern und Römern, beständig zunahm, betrug in dieser ersten Phase in der Ost-West-Ausdehnung vier, in der Nord-Süd-Ausdehnung 1,5 Kilometer.

Alexander kümmerte sich auch um die nicht ganz unwichtige Frage, wer denn künftig in seiner Stadt wohnen sollte. Die Ehre, erste Bewohner der späteren Millionenstadt gewesen zu sein, kam makedonischen Soldaten und Bewohnern umliegender Orte und Dörfer zu, die mit mehr oder weniger Druck dazu veranlasst wurden, in die neue Stadt umzusiedeln.

Modern und auf dem neuesten Stand der Urbanistik war die Anpassung an die klimatischen Verhältnisse: Die Ausrichtung der Straßen wurde so gestaltet, dass die von Norden kommenden Etesien für angenehme Kühle sorgten, während die heißen Winde aus dem Süden durch einen Höhenzug gemildert wurden. Keine Frage: Alexander wollte sich, neben allen praktischen Erwägungen, mit der Stadt Alexandria ein urbanes Denkmal setzen. Dass er hier allerdings, nach seinem frühen Tod 323 v. Chr., bestattet wurde, ging nicht auf seinen eigenen Wunsch zurück. Er hatte sich Babylon als seine letzte Ruhestätte ausgesucht.

Die Ptolemäer, seine Nachfolger in Ägypten, überführten die sterblichen Überreste nach Alexandria, in der zutreffenden Erwartung, etwas von dem Glanz des großen Königs auf sich selbst abfärben zu lassen.

Alexander und das Orakel des Amun-Re

Der aktuelle Stand in Sachen Alexanderzug lautete im Jahre 331 v. Chr., nach der Pharao-Krönung in Memphis und der Gründung von Alexandria: Die Herrschaft der Perser war überall beseitigt, jetzt befand sich auch Ägypten in der Hand der Makedonen. Nun konnte sich Alexander eigentlich an die – seit Issos – Hauptsache seiner Unternehmung machen, an den Aufbruch in die persischen Zentralgebiete in Iran, an eine Expedition gegen den zwar geschwächten, aber immer noch präsenten und handlungsfähigen Großkönig Dareios III. Dieser hatte die Atempause, die ihm Alexander mit seinen Abstechern nach Syrien, in den Libanon und nach Ägypten gegönnt hatte, zu intensiven militärischen Rüstungen genutzt.

Doch abermals handelte Alexander anders, als es auch seine makedonischen und griechischen Mitstreiter erwartet hatten. Er startete, mit kleinem Gefolge, von Alexandria aus zu einer spektakulären Unternehmung, zum überaus strapaziösen und riskanten Zug zur Oase Siwa. Diese Tour bedeutete einen Umweg von mehr als 800 Kilometern durch die Wüste. Wenn ein Alexander sich solche Mühen machte, ein bestimmtes Ziel zu erreichen, musste es etwas Besonderes an sich haben. Tatsächlich befand sich hier eine alte Orakelstätte des ägyptischen Gottes Amun-Re. Die Griechen sahen in fremden Göttern ihre eigenen Götter, nur, dass sie bei anderen Völkern andere Namen trugen. Amun wurde von den Griechen mit ihrem Gott Zeus gleichgesetzt. Sie nannten ihn daher Zeus Ammon.

Was aber trieb Alexander zu diesem zwar auch bei den Griechen berühmten, gleichwohl abgelegenen Orakel? Einen ratio-

Stadtplan des antiken Alexandria.

nalen Sinn vermag man nicht direkt zu erkennen. So wird hier wohl der schwärmerische Teil Alexanders am Werk gewesen sein, eines Alexanders, der eine Leidenschaft für Religionen, Kulte und Orakel hatte, wie er es etwa in Troja, Gordion und Tyros unter Beweis gestellt hatte. Und da Alexander sich auch im griechischen Mythos bestens auskannte, wird ihn stark beeindruckt und motiviert haben, dass auch Heroen wie Perseus und Herakles dem Orakel des Zeus-Ammon einst ihre Reverenz erwiesen haben sollten.

Alexander unterwegs – da musste natürlich etwas Seltsames passieren. Auf die aus Alexanders Umfeld stammenden Berichte ist denn auch Verlass. Trotz aufkommender Südwinde, heißt es in einer Quelle, habe Alexander sein Ziel mit Energie und Ausdauer erreicht. Und im Zweifelsfall halfen ihm die Götter: „Vom Weg abgekommen und von Flugsand bedroht,

sei er durch Regengüsse und zwei Raben, die den Weg wiesen, gerettet worden."

In der Oase angekommen, betrat der Makedone das Heiligtum allein, seine Begleiter mussten draußen warten. Was dann passierte, wird bis heute in der Alexander-Forschung heftig diskutiert. Jedenfalls wurde der prominente Orakelgast, in Personalunion König von Makedonien und Pharao von Ägypten, im Innern des Heiligtums von einem der Priester begleitet. Über das, was Alexander von dem Gott wissen wollte und was dieser ihm antwortete, wurde offenbar Stillschweigen vereinbart. Denn Alexander kam wieder heraus, sagte nichts über das, was er erfahren hatte, meinte nur, dass er sich über das, was er gehört habe, gefreut habe. Seiner Mutter Olympias soll er einen Brief geschrieben haben, in dem er ihr mitteilte, er habe geheime Auskünfte erhalten, von denen er ihr nach seiner Rückkehr in die Heimat berichten wollte (eine Rückkehr, die, was er damals nicht wissen konnte, nie stattfand). Das ist der Stoff, aus dem sich Legenden stricken lassen.

Was hat Alexander in dem Heiligtum gehört? Schon in der Antike wurde darüber heftig spekuliert. Manche wollten erfahren haben, der König habe sich nach den Mördern seines Vaters Philipp erkundigt. Andere waren sicher, er habe den Gott gefragt, ob er Weltherrscher werden würde. Doch nicht alles war rings um die Vorgänge in der Oase Siwa von Geheimnissen umwoben. Bevor Alexander den Tempel betrat, hatte ihn der Priester ausdrücklich als Sohn des Amun-Re begrüßt. Das war nicht etwa Unkenntnis über Alexanders wahre Familienverhältnisse. Vielmehr stand ihm diese Anrede als frisch gekürter Pharao zu. Denn in der ägyptischen Königsideologie war der Pharao der Sohn des Gottes Amun-Re. Theoretisch hätte diese neue Genealogie zu Konflikten mit den Griechen und Makedonen führen können, denn bei ihnen hatte die göttliche Herkunft des Königs noch keine Tradition. Alexander war zu diesem Zeitpunkt auch klug genug, gegenüber seinen Mitstreitern nicht den Gottessohn – sei es des Amun, sei es des Zeus – herauszukehren.

Eine schöne, offenbar häufig erzählte Geschichte hat in diesem Zusammenhang Alexanders Biograf Plutarch parat. Demnach habe ihn der Priester gar nicht als Gottessohn ansprechen wollen. Vielmehr wollte er ihn herzlich und leutselig als „Paidion" (griechisch für „Söhnchen") begrüßen. Weil er aber nicht so gut Griechisch konnte, setzte er am Ende des Wortes ein s für das n ein, sagte also „Paidios", was auf Griechisch „Sohn des Zeus" bedeutet. Alexander, sagt Plutarch, sei dieser Sprachfehler sehr recht gewesen, und so habe sich das Gerücht verbreitet, der Priester habe ihn zum Gottessohn befördert. Glaubwürdig ist die Geschichte nicht. Vielleicht diente sie dazu, Kritiker zu beruhigen, die sich mit einer göttlichen Abstammung des makedonischen Königs nicht abfinden wollten und daher einen priesterlichen Irrtum konstruierten.

Mit dem Besuch in der Oase Siwa im Frühjahr 331 v. Chr. war Alexanders ägyptisches Abenteuer beendet. Er traf in Memphis noch einige administrative Anordnungen und zog dann auf dem gleichen Weg, den er gekommen war, zurück nach Tyros. Von hier aus startete er nach kurzer Zeit in Richtung Persien, nahm nach der Peripherie nun das Zentrum des Reichs der Achämeniden ins Visier.

Holger Sonnabend, geb. 1956, lehrt Alte Geschichte an der Uni Stuttgart, ist Autor zahlreicher Sachbücher zu antiken Themen, schreibt regelmäßig für historische Zeitschriften und führt Reisegruppen in die Welt der Griechen und Römer.

Die Eroberung eines Weltreichs

Michael Sommer

Alexander hatte von seinem Vater Philipp einen Krieg geerbt, der als panhellenischer Rachefeldzug gegen das Perserreich ausgerufen worden war. Spätestens in Kleinasien, nach der Schlacht am Granikos, war dieser Krieg zur persönlichen Bewährungsprobe für Alexander geworden. Der König sah sich in den Fußstapfen Achills, er focht einen heroischen Kampf wie einst der mythische Held vor den Toren Trojas. Eine noch einmal neue Qualität erlangte der Krieg, als Alexander in Siwa das Orakel des Amun-Re einholte. Der ägyptische Gott offenbarte sich dem König als seinem Sohn. Wie immer der Spruch genau lautete, den die Priester Alexander mit auf seinen Weg gaben: Er war fortan davon überzeugt, zur Weltherrschaft berufen zu sein.

Das Heer der Perser

Während Alexander von Siwa über Memphis zurück nach Asien zog, sammelte sich in der Ebene vor Babylon ein gigantisches Heer. Trotz des Verlusts der westlichen Satrapien war das Perserreich im Wesentlichen noch intakt. Der Osten Kleinasiens und Syriens, Mesopotamien, Armenien, Medien, Susiane, die Persis, Parthien, Hyrkanien, Baktrien, Sogdien, Arachosien, Gedrosien und das Land am Indus waren Dareios nach wie vor loyal ergeben. In diese Reichsteile hatte der Großkönig Gesandte ausschwärmen lassen und um Gestellung von Truppen nachgesucht. Und tatsächlich: Aus allen Himmelsrichtungen strömten nun Männer, Pferde und Kriegsgerät nach Babylon. Über 100 000 Fußsoldaten, an die 40 000 Reiter, 200 Sichelwagen und fünfzehn Kriegselefanten lagerten im Frühjahr 331 v. Chr. vor den Toren der uralten Metropole Mesopotamiens.

Dareios plante, Alexander beim Überqueren der großen Flüsse zu stellen. Besonders eignete sich dazu der Tigris: Der östliche der beiden Ströme hatte weniger Furten und war schwieriger zu queren. Dareios postierte daher am Euphrat nur ein relativ schwaches Kontingent, das er dem Satrapen von Transeuphratene – Syrien westlich des Euphrat – unterstellte. Dieser Mann, Mazaios, stammte aus altem persischen

Relief aus dem Karnak-Tempel mit einem Pharao vor Amun-Re.

51

kedonische Flotte die letzten persischen Stützpunkte im Mittelmeer erobert. Deshalb konnte Alexanders Heer in der Levante völlig ungefährdet operieren. Vor allem konnte das Heer über See schneller und zuverlässiger mit allem Nötigen versorgt werden.

Alexander nutzte die die Zeit, bevor er in den Osten aufbrach, um Vorkehrungen für den Westen zu treffen. Amphoteros erhielt das Kommando über die Flotte und den Auftrag, Kreta von verbliebenen persischen und spartanischen Stützpunkten sowie das Seegebiet von Piraten zu säubern. Asandros, der Satrap von Lydien, wurde nach Griechenland geschickt, um weitere Soldaten auszuheben. Auch in Karien und Syrien wechselte er die Satrapen aus, weil die Amtsinhaber sich der Aufgabe nicht gewachsen gezeigt hatten. Für die Großregionen Ägypten, Syrien und Kleinasien richtete Alexander eigene Finanzverwaltungen ein, die organisatorisch von der Kriegskasse getrennt wurden.

Dann brach das Heer auf, insgesamt 40 000 Infanteristen und 7000 Reiter. Doch so groß das Heer auch war, zahlenmäßig war es der Riesenarmee des Dareios deutlich unterlegen, mindestens im Verhältnis eins zu drei. Von Tyros zog man den Libanon hinauf, erreichte die Bekaa-Ebene und von dort das Orontes-Tal, schließlich Damaskus und dann endlich die Stadt Thapsakos am Euphrat. Inzwischen war der Sommer herangekommen: Feldzugsaison. Kaum hatte das Vorauskommando den Fluss erreicht, begannen die Pioniere mit dem Bau von zwei Behelfsbrücken. Sie ließen sich Zeit damit, denn am rechten Ufer wartete Mazaios mit seiner Abteilung. Erst als Alexanders Haupttheer herangezogen war und die Perser sich zurückgezogen hatten, wurden die Brücken fertiggebaut.

Ab Thapsakos hat der Reisende die Wahl zwischen zwei Wegen nach Babylonien. Der eine folgt dem Euphrat. Er ist kürzer, aber schwer zu passieren und führt mitten durch die Wüste. Hier, wo es kaum Wasser und kein Weideland für die Pferde gibt, waren 401 v. Chr. die 10 000 Griechen, die der persische Usurpator Kyros als Söldner angeheuert hatte, unter unsäglichen Mühen auf Babylon vorgerückt. Alexander dürfte Xenophons *Anabasis*, die den Irrweg der Griechen durchs Perserreich beschreibt, genau gekannt haben. Er entschied sich also für die bedeutend längere, aber leichter zu begehende Route über Nisibis zum Tigris und dann an dessen linkem Ufer südwärts.

Dareios hatte Späher ausgeschickt, um, so gut es ging, über Alexanders Bewegungen im Bilde zu

Adel und stand Dareios' Familie seit Generationen nahe. Das freilich hinderte ihn nicht, später in Alexanders Dienste zu treten. Der Makedone war auf die Kollaboration der persischen Elite angewiesen. Der Wendehals Mazaios wurde mit der Satrapie Babylonien belohnt.

Das Gros seines Heeres kommandierte Dareios selbst. Er marschierte nordwärts bis nach Arbela, dem heutigen Erbil im irakischen Kurdengebiet. Die Stadt liegt links des Tigris am Fuß des Zagrosgebirges – am Rand der weiten mesopotamischen Tiefebene. Hier, in der Nähe des Trümmerfeldes der alten assyrischen Hauptstadt Ninive, wartete Dareios auf Alexander.

Aus Ägypten zurückgekehrt, schlug Alexander sein Hauptquartier in Tyros auf, das er im Jahr zuvor erobert hatte. Er ließ die Stadt neu aufbauen, opferte im Melkart-Tempel und richtete Wettkämpfe aus. Zugleich mit Alexander erreichte eine große makedonische Flotte die phönizische Stadt. Die Schiffe brachten Nachschub an Material und vor allem an Männern: 15 000 frische Soldaten aus Makedonien stießen zu Alexanders Heer. Im Winter hatte die ma-

Die Eroberung eines Weltreichs

sein. Dass ein Heer Augen und Ohren braucht, kann man in jedem Handbuch über Kriegskunst nachlesen. Doch was als kluger Schachzug geplant war, erwies sich als kolossaler Fehlschlag, denn die Makedonen fingen einige von Dareios' Kundschaftern ab und verhörten sie. Die Augen und Ohren kehrten sich gegen Dareios. So erfuhr Alexander, dass das Haupttheer des Großkönigs bei Arbela auf ihn wartete, also dort, wo es besonders leicht war, den Tigris zu queren. Er wusste jetzt auch, dass die Stärkeverhältnisse noch ungünstiger sein würden als bei Issos. Wenn er eine Chance gegen Dareios' Riesenarmee haben wollte, dann musste er auf das Überraschungsmoment setzen.

Alexander zog deshalb in Eilmärschen weiter, um den Fluss weiter im Norden zu überqueren. Das Manöver gelang, obwohl der reißende Tigris nur unter großen Anstrengungen zu durchwaten war. Am 20. September gönnte Alexander seinen Makedonen eine Pause. Während die Soldaten am Tigris lagerten, verfinsterte sich plötzlich der Himmel. War die Mondfinsternis, die sie beobachteten, ein böses Omen? Oder verhieß sie den Sieg, wie Alexanders Lieblingsseher Aristandros ihm weissagte? Noch im selben Monat werde die entscheidende Schlacht geschlagen, verkündete der Sterndeuter, und man werde sie mit Glanz und Gloria bestehen. Am Morgen brach das Heer auf und folgte drei Tage lang dem Fluss Richtung Süden, ohne dass man den Feind zu Gesicht bekam.

Davon, dass die Makedonen sich ihnen bereits von Norden näherten, bekamen die Perser in ihren Stellungen bei Arbela nicht das Geringste mit. Am 24. September meldeten Alexanders Späher den ersten Feindkontakt. Man sei auf persische Reiter gestoßen, ungefähr 1000 an der Zahl. Alexander stellte sein Heer zur Schlacht auf: Die Vorhut bildete die Reiterei der Hetairen und die leichte Kavallerie. Das restliche Heer folgte in einigem Abstand. Als die Perser die heranstürmenden Makedonen bemerkten, ergriffen sie die Flucht. Die meisten Reiter entkamen, doch einige wurden gefangen genommen und befragt. Alexander erhielt die Information, dass Dareios mit dem Haupttheer bei dem Ort Gaugamela lagerte, inmitten einer weiten Ebene um den Bumodos, einen linken Nebenfluss des Tigris.

Alexander befahl dem Heer, Halt zu machen und ein Lager aufzuschlagen. Vier Tage ließ er die Soldaten rasten und alles für die Schlacht vorbereiten. Mitten in der Nacht zum 30. September brachen die Makedonen auf. Sie marschierten durch das Hügelland östlich des Tigris. Als sie auf etwa fünf Kilometer an die Perser herangekommen waren, graute der Morgen, und Alexander sah das Heer des Großkönigs, wie es in der Ebene lagerte. Er hielt einen Kriegsrat ab. Das Heer brannte darauf, auf den Feind loszustürmen, und auch einige Offiziere hielten es für das Beste, keine Zeit zu verlieren und sofort anzugreifen. Dagegen riet Parmenion zur Vorsicht. Man könne nicht wissen, ob die Perser das Schlachtfeld präpariert hatten. Alexander gab Befehl zum Halten und ließ die Makedonen in Schlachtordnung auf den Hügeln lagern.

Die Schlacht bei Gaugamela

Dareios blickte voller Zuversicht auf die sich anbahnende Entscheidung. Schließlich war ihm bei *Issos* das Terrain zum Verhängnis geworden. Die Enge des Schlachtfeldes hatte sein Heer daran gehindert, seine Überlegenheit zur Geltung zu bringen. Dieser Fehler würde ihm nicht noch einmal unterlaufen. Bei Gaugamela würde kein Baum, kein Strauch die persischen Reiter und Sichelwagen aufhalten. In seinem Optimismus bestärkten ihn auch die Satrapen und Offiziere. Als es Nacht wurde, befahl der Großkönig seinen Soldaten, in Schlachtordnung zu lagern, um gegen einen Angriff des Feindes gewappnet zu sein.

Dareios fuhr die Front seiner Streitmacht ab. Sie war ein Spiegel des Vielvölkerreichs, das er beherrschte. Ganz links standen die Baktrier und Sogdier aus Zentralasien, die Bessos befehligte, der Satrap von Baktrien. Davor waren 100 Sichelwagen und zu ihrem Flankenschutz 1000 baktrische Reiter postiert. Weiter rechts folgten die Arachosier und Inder aus dem fernen Osten des Perserreiches, dann persische Infanterie und Kavallerie, schließlich die Kadusier, deren Stamm am Südwestrand des Kaspischen Meeres lebte. Das Zentrum bildeten die persischen Eliteverbände, darunter die Leibgarde des Großkönigs, die sich aus den Söhnen persischer Großer rekrutierte, normalerweise den Herrscher in seinem Palast beschützte und auch im Krieg immer in seiner Nähe war. Links und rechts von den Persern hatte Dareios die ihm noch verbliebenen griechischen Söldner gruppiert. Außerdem befanden sich im Mitteltreffen indische Soldaten mit den Kriegselefanten, Bogenschützen aus dem Bergstamm der Mardier und fünfzig weitere Sichelwagen. Vor Beginn der Schlacht würde sich der Großkönig mit seinem Streitwagen im Zentrum einfinden, um hier, im Herzen seines Heeres, gegen Alexander zu kämpfen.

Um das Zentrum tiefer zu staffeln, standen hinter dem kampfstarken Kern des Heeres Kontingente aus Elam, Babylonien und den persischen Küstenregionen. Auf der rechten Seite folgten Soldaten aus dem Kaukasus und dem iranischen Hochland, aus Medien und schließlich aus Syrien. Am rechten Flügel hatte Dareios armenische und kappadokische Reiter antreten lassen, dazu fünfzig Sichelwagen. Größe und Vielfalt des Perserreichs waren die militärische Trumpfkarte der Achämeniden. Keine Macht der Epoche konnte so viele Soldaten und so unterschiedliche Truppengattungen in die Schlacht führen. Jedes Volk hatte seine Kampftechniken und Taktiken. Befehligt wurden die Einheiten von Offizieren, die ihre Landsleute waren und ihres unbedingten Gehorsams sicher sein konnten. Zusammengehalten wurde alles durch die persönliche Loyalität dem Großkönig gegenüber. Er war der Schlussstein in der Architektur des Heeres, mit dem alles stand und fiel. Das wusste jeder Einzelne im Heer, als Dareios auf seinem Streitwagen die schier endlose Front entlangfuhr.

Alexander hatte unterdessen, unbemerkt von den Persern, das Schlachtfeld ausgekundschaftet. Noch am Abend versammelte er seine hohen Offiziere um sich und erklärte ihnen, man werde bei Morgengrauen die Perser angreifen. Er schärfte ihnen ein, seine Kommandos präzise auszuführen. Bei dieser Schlacht gehe es nicht mehr nur um Syrien oder Ägypten, sondern um den gesamten Osten. Die Offiziere spendeten tosenden Beifall. Als Einziger meldete sich der ewige Bedenkenträger Parmenion zu Wort. Das persische Heer sei zu gewaltig, um es in offener Feldschlacht besiegen zu können. Deshalb solle man schon in der Nacht angreifen. Alexander antwortete nur, er wolle den Sieg nicht stehlen. Und legte sich inmitten seiner Soldaten zur Ruhe.

Als der Morgen des 1. Oktober anbrach, rückte das makedonische Heer in die Ebene vor. Das Zentrum

bildete die makedonische Phalanx, ihre rechte Flanke
schützten die Elitesoldaten der Hypaspisten mit ihren
großen Schilden, an die sich die makedonischen Reiter anschlossen, die den rechten Flügel bildeten. Am
linken Flügel standen, unter Parmenions Führung,
nur wenige Hopliten, dafür die griechische und thes-
salische Reiterei. Hinter der Hauptstreitmacht hatte
Alexander eine weitere Phalanx postiert, die als Reserve dienen und eine Umklammerung durch die persische Übermacht abwehren sollte. Alexander selbst
kommandierte den rechten Flügel, den noch Bogenschützen, Söldnerkavallerie und vor allem die Reiter
der Hetairen verstärkten.

Mit den Hetairen eröffnete Alexander die Schlacht.
Er ließ sie zu einem großen Umfassungsmanöver um
den linken Flügel der Perser antreten, den Dareios
beantwortete, indem die dort aufgestellte Kavallerie
vorrückte. Auf dieses Manöver hatte Alexander nur
gewartet, denn es öffnete eine Lücke zwischen dem
Zentrum und dem linken Flügel des persischen Heeres, in die er nun mit seinen eigenen Reitern vorstieß.
Der Angriff der Hetairen wurde noch abgewehrt,
doch dann setzte der erfahrene Kavallerieführer Are-

tes mit seinen Lanzenreitern nach und schlug die
persische Reiterei in die Flucht.

Im Zentrum versuchte Dareios, das makedonische
Fußvolk mit seinen Sichelwagen in Unordnung zu
bringen. Doch dieser Plan misslang, weil die Phalanx
in ihrer Mitte breite Gassen öffnete. Die Wagen fuhren regelrecht ins Leere und wurden hinter den Linien abgefangen, ohne Schaden anzurichten. Sofort
formierte sich die Phalanx neu und rückte auf das
Zentrum der persischen Streitmacht vor.

Einzig auf seinem linken, von Parmenion kom-
mandierten Flügel war das makedonische Heer in
Bedrängnis geraten. Parmenion war aufgetragen
worden, das zu tun, was er am besten konnte: de-
fensiv zu agieren. Doch er hatte zunehmend Mühe,
dem Angriff des persischen Unterfeldherrn Mazaios
standzuhalten. Seine Lage drohte hoffnungslos zu
werden, als Dareios die im Zentrum bereitstehenden
Kriegselefanten gegen Parmenion einschwenken ließ.

Doch der Abzug der Elefanten hatte das
persische Mitteltreffen, wo der Großkönig
auf seinem Streitwagen stand, restlos ent-
blößt. In Sekundenbruchteilen erkannte

Alexander die Gelegenheit, die sich ihm hier bot. An der Spitze seiner Reiterei stürmte er geradewegs auf Dareios zu, während zugleich die Phalanx vorrückte. Dareios wandte sich in Panik um und ergriff die Flucht. Diesen entscheidenden Moment der Schlacht hat vermutlich der Künstler festgehalten, der wohl kurz nach den Ereignissen in Mesopotamien die Urfassung der „Alexanderschlacht" schuf: des Gemäldes also, nach dem das berühmte Mosaik aus der Casa del Fauno in Pompeji angefertigt wurde.

Die Schlacht war zu diesem Zeitpunkt aber noch nicht entschieden. Dadurch, dass die makedonische Phalanx gegen das persische Zentrum marschierte, entstand eine Lücke zwischen dem makedonischen Mitteltreffen und Parmenions linkem Flügel. Durch sie brachen nun zwei persische Kavallerieeinheiten, die sich nach erfolgreichem Manöver hinter den makedonischen Linien trennten: Eine Abteilung griff das makedonische Lager mit den Vorräten an, die zweite versuchte sich an einer Umklammerung von Parmenions linkem Flügel. Beide Attacken scheiterten, weil die makedonische Reserve und Alexander selbst, den Parmenion benachrichtigt hatte, rechtzeitig eingreifen konnten. Dareios und seiner Entourage

gelang, gerettet vom Einsatz der persischen Kavallerie, die Flucht vom Schlachtfeld.

Babylon – die Geburtsstunde einer Weltmonarchie

Gleichwohl: Der Tag gehörte Alexander und niemandem sonst. Das persische Heer war geschlagen, der Kampf um den Orient entschieden. Gewiss übertriebene antike Schätzungen, sprechen von bis zu 90 000 Gefallenen im Heer des Dareios – gegenüber nur 500 getöteten Makedonen. Mesopotamien war Alexanders Heer schutzlos preisgegeben, der Großkönig war ein Flüchtling im eigenen Reich. Mit wenigen Getreuen und versprengten Resten des Heeres machte er sich auf den Weg nach Ekbatana. Hier, auf fast 2000 Metern Höhe inmitten des Zagros, war er erst einmal sicher vor Alexander. Die alte medische Hauptstadt war ein wichtiger Verkehrsknotenpunkt. Sie lag an der Königsstraße, die von hier nach Westen, Richtung Sardeis, führte, aber auch weit in den Osten, nach Baktrien. Sollte Alexanders Eroberungshunger in Mesopotamien nicht gesättigt, sollten seine Ambitionen auch auf das persische Kernland, die Persis und die Metropolen Susa und Persepolis gerichtet sein, dann war Ekbatana der günstigste Ausgangspunkt für eine Flucht – wenn nötig, bis ans Ende der Welt.

Ein anderer Flüchtling war Ariobarzanes. Dareios hatte ihn zum Satrapen der Persis gemacht und damit zum mächtigsten Mann im Achämenidenreich nach ihm selbst. Ariobarzanes hatte bei Gaugamela das Kommando über die persischen Kerntruppen im Zentrum geführt. Auch er war – mit rund 25 000 Mann – vom Schlachtfeld entkommen, aber nicht, wie Dareios, nach Nordosten, sondern in Richtung Susiane. Hier ließ er seine Soldaten die Pässe besetzen, die ins iranische Hochland führten.

Alexander ließ Dareios und Ariobarzanes buchstäblich links liegen und wandte sich nach Süden, wo Babylon lag. Hierhin war Mazaios ausgewichen, und Alexander befürchtete deshalb heftigen Widerstand, der ihm aus der Stadt entgegenschlagen würde. Er war völlig verblüfft, als sich bei seinem Herannahen die Tore öffneten und vornehme Bürger, Priester und persische Offizielle ihm mit Girlanden

und Geschenken entgegenströmten, Mazaios und seine Familie an der Spitze. Der Perser und Ex-Satrap von Syrien übergab Alexander die mesopotamische Hauptstadt des Perserreiches – einfach so. Er war in der neuen Realität des von Alexander beherrschten Ostens angekommen. Bereuen sollte er es nicht: Der König machte ihn postwendend zum Satrapen von Babylonien.

Mazaios' Integration in die neue Herrschaftsarchitektur schuf einen Präzedenzfall für Alexanders künftigen Umgang mit der persischen Elite. Das Imperium war viel zu groß und kompliziert, als dass er auf die Mitarbeit der alten Führungsschicht hätte verzichten können. Er brauchte Männer wie Mazaios, um das zerbröselnde Reich des Dareios übernehmen, zusammenhalten und beherrschen zu können. Auch umgekehrt wurde ein Schuh daraus: An kollaborationswilligen Persern herrschte kein Mangel, schließlich war die Aussicht, in Alexanders Dienste treten können, allemal verlockender als die Gewissheit, an Dareios' Seite unterzugehen.

Karte des Alexanderzuges bis Indien.

Babylon – die Geburtsstunde einer Weltmonarchie

Alexander begriff in Babylon, was Pracht und Dekadenz bedeuten. Die Stadt blickte auf eine mehrtausendjährige Tradition zurück. Verglichen mit der mesopotamischen Metropole waren Makedonien und selbst Griechenland rückständig und provinziell. Alexander bestaunte die Architektur und die verfeinerte Lebensart der Elite. Dreißig Tage hielt er sich in Babylon auf, ließ verfallende Heiligtümer wieder herrichten und opferte dem Stadtgott Marduk, schwelgte aber auch im Luxus, den vor ihm die Könige Babylons, Assyriens und Persiens genossen hatten. Von hier hatte einst die Idee der Weltherrschaft ausgestrahlt: „Könige der vier Weltgegenden" nannten sich die Monarchen der alten mesopotamischen Imperien. Der Titel bedeutete, dass sich ihre Herrschaft nicht auf dieses oder jenes Territorium bezog, sondern universal war. Alexanders Traum von der Weltherrschaft dürfte hier in Babylon seine endgültige Ausprägung erfahren haben. Er nannte sich jetzt „König von Asien".

Babylon bedeutet noch in anderer Hinsicht eine Wasserscheide für Alexanders Königtum. Bereits in Ägypten hatte er gelernt, seine Herrschaft in die Traditionen, Titulaturen und Bilder eines von ihm eroberten Landes zu kleiden. So wie er in Ägypten als Pharao aufgetreten war, so präsentierte er sich jetzt den Babyloniern als Erbe der persischen und der mesopotamischen Imperien. Dazu gehörte auch das persische Hofzeremoniell, das eine unüberbrückbare Distanz zwischen dem König und seinen Untertanen schuf, die sich in einem als Proskynese bezeichneten Akt wie Hunde vor ihm niederzuwerfen hatten. Für die Makedonen, die an einen freundschaftlichen, geradezu kumpelhaften Umgang mit ihrem König gewöhnt waren, waren solche Unterwerfungsgesten eine Zumutung.

Alexanders Biograf Johann Gustav Droysen deutet die dreißig Tage in Babylon als Geburtsstunde einer „Weltmonarchie", in der die „Unterschiede von Abend und Morgen, von Hellenen und Barbaren" nivelliert worden seien. Für Droysen schuf die Synthese zwischen Orient und Okzident erst die Voraussetzungen für alle weitere Geschichte: für die Zivilisation des Hellenismus, für das römische Imperium und – besonders – das Christentum, das die Universalmonarchie mit einer Universalreligion komplett machte. Allerdings beobachtet Droysen bei Alexander in Babylon auch einen „Wurm, der an der Wurzel seiner Größe nagt".

Ging also Alexander in seinem Bestreben, die alten persischen Eliten mit der neuen Herrschaft zu versöhnen, zu viele Kompromisse ein? Wir wissen nicht, was für ein Reich genau dem großen Makedonen vorschwebte und wie er seine Rolle darin sah. Wir können es nur daraus schließen, wie er agierte und wie seine Umwelt auf seine Gesten reagierte. Möglicherweise war seine Vision von einer persisch-makedonischen Zusammenarbeit viel pragmatischer als Droysen es sich ausgemalt hat. Unübersehbar ist, dass der „neue" Alexander nach Babylon etliche seiner makedonischen Gefolgsleute vor den Kopf stieß und zu heftigen Reaktionen provozierte.

Persepolis

Alexanders nächste Etappe war, im Dezember 331 v. Chr., Susa. Die alte elamische Hauptstadt befand sich am Fuß des iranischen Hochlands und öffnete dem Sieger von Gaugamela ebenfalls anstandslos ihre Tore. Wegen ihres relativ warmen Klimas hatten die persischen Großkönige diese Stadt zu ihrer Winterresidenz gemacht. Der Schatz der Achämeniden fiel hier in Alexanders Hände. Er ließ ihn ausmünzen, um sein Heer zu bezahlen. So erhöhte sich die Geldmenge schlagartig, mit galoppierender Inflation als unausweichlicher Folge. Doch die vielen neu im Umlauf befindlichen Münzen gaben auch der Geldwirtschaft einen kräftigen Schub und damit dem – nach den Maßstäben der damaligen Welt – globalen Handel einen nachhaltigen Impuls. Ebenfalls in Susa setzte sich Alexander auf den Thron im Achämenidenpalast. Deutlicher konnte er der Außenwelt nicht signalisieren, dass er ihre Nachfolge anzutreten gedachte.

War Alexanders Vormarsch nach Gaugamela bis zu diesem Zeitpunkt gewaltlos vonstatten gegangen, so stellte sich ihm auf dem Weg nach Persepolis und Pasargadai zum ersten Mal Widerstand entgegen. Der Makedone wählte die alte persische Königsstraße, die Susa mit der Hauptstadt der Persis verband. Sie führte zunächst durch die Ebene der Susiane und dann in mehreren Stufen über Passhöhen ins Bergland. Der in der Region ansässige Stamm der Uxier zerfiel in zwei Teilstämme: Die Uxier der Ebene waren von den Persern unterworfen und leisteten keinen Widerstand, doch ihre im Bergland als Hirten lebenden Verwandten

Der Palast des Dareios in Persepolis.

forderten Wegzoll, wie sie es von den Achämeniden
gewohnt waren. Alexander ließ sich zum Schein auf
den Deal ein, doch lockte er die Uxier in einen Hin-
terhalt, tötete viele ihrer Krieger und veranstaltete in
ihrem Dorf ein Massaker unter Frauen und Kindern.
Der Widerstand war gebrochen; auf Bitten der Königin Sisygambis ließ er den Überlebenden gegen Zah-
lung von Tributen ihr Land.

Die Zeit drängte, denn Alexander fürchtete, Dareios könne im Osten ein neues Heer ausheben und sich
den Makedonen abermals in den Weg stellen. Also
trieb er seine Soldaten weiter ins Gebirge. Am Pass
der „Persischen Pforte" wartete Ariobarzanes mit seinem Heer auf ihn. Er hatte den Pass mit einer Mauer
gesperrt und empfing Alexanders Hopliten mit Pfei-
len und Felsbrocken, die seine Leute mit Katapulten
auf die Makedonen herabschleuderten, denen nichts
anderes übrig blieb, als den Rückzug anzutreten. Ge-
fangene berichteten Alexander, dass der Pass kaum
zu umgehen sei. Lediglich schmale Pfade schlängel-
ten sich durch dichte Wälder und unwegsames Gelände, in dem zu dieser Jahreszeit obendrein noch
tiefer Schnee lag. Alexander riskierte mit den Hypaspisten, Bogenschützen und ein paar Reitern mitten
in der Nacht den halsbrecherischen Aufstieg. Es gelang ihm, die Perser zu umfassen und von hinten anzugreifen, während unten Krateros gegen die Mauer
vorstürmte. Das Hindernis war aus dem Weg geräumt, doch Ariobarzanes entkam. Am Fluss Araxes
stellte er Alexander erneut zur Schlacht und unter-
lag erneut. Diesmal wurde er getötet.

Damit war der Weg nach Persepolis frei. Im Ja-
nuar 330 v. Chr. zog Alexander in die Hauptstadt der
Persis ein. Der Makedonenkönig hielt im Palast der
Achämeniden Hof, bestätigte die meisten der persischen Beamten in den umliegenden Satrapien in ihren Funktionen und suchte das Grab des Reichsgründers Kyros in Pasargadai auf. Mehrere Monate hielt
er sich in der Persis auf. Unvorstellbare Mengen an
Gold, Silber und Luxusgütern wurden in Persepolis
und Parsargadai erbeutet. Das Kernland der Achämeniden war in makedonischer Hand und der Ra-
cheschwur erfüllt. Das musste gebührend gefeiert
werden. Die ehrwürdigen Gemächer des Palastes er-
bebten unter dem Lärm wüster Partys. Der Alkohol
floss in Strömen.

Eines schönen Tages im Mai legte eine Feuers-
brunst den Achämenidenpalast in Schutt und Asche.
War es ein letzter Akt der Rache für die Zerstörung
Athens 150 Jahre zuvor durch Xerxes, wie offizielle makedonische Verlautbaren es später darstellten?

Oder ein schrecklicher Unfall, verursacht unter Alko-
holeinfluss, von Alexander und seinen höchsten Offizieren? Genau wird man es nie erfahren, doch so
richtig mag das Zerstörungswerk nicht zur ausge-
streckten Hand passen, die Alexander demonstrativ
der persischen Elite hinhielt. Der Makedone lebte in
Exzessen, und vielleicht war rückblickend das Feuer
der Wurm, der an seiner Größe nagte.

Das Endes des Dareios

Dareios mag gehofft haben, Alexander würde jetzt
endlich ruhen. Aber bereits im Mai 330 v. Chr. verließ das makedonische Heer die Persis und rückte auf
Ekbatana vor, wohin sich der Großkönig geflüchtet hatte. Die Völkerschaften im Zagros unterwarfen
sich, Alexander kam zügig voran. Doch kurz bevor
er Ekbatana erreichte, vernahm er die enttäuschende
Nachricht, dass Dareios wenige Tage zuvor die medische Hauptstadt verlassen habe. In deren Toren angekommen, regelte Alexander nur kurz die Angelegenheiten der Satrapie und entließ Teile seines Heeres in
die Heimat, dann kehrte er Ekbatana den Rücken. In
nur elf Tagen erreichte er die Stadt Raga unweit des
heutigen Teheran. Hier, kurz vor dem Pass der Kaspischen Pforte, ließ er seine erschöpften Truppen Halt
machen. Die Straße, die von Raga nach Zentralasi-
en führte, war die einzige halbwegs leicht zu passie-
rende Route, die den Osten des Perserreiches mit dem
Westen verband.

Dareios hatte unterdessen die Kaspische Pforte bereits hinter sich gelassen. Er hatte mit Desertionen
zu kämpfen und fragte sich, ob er sein Heil weiter
in der Flucht oder in einem finalen Showdown mit
Alexander suchen sollte. Als er diese Überlegungen
seiner engsten Umgebung kundtat, waren die persischen Großen schockiert. Dareios war ein sinkendes
Schiff. Sollten sie jetzt mit ihm untergehen? Dareios entglitt die Autorität. Der Reichsgott Ahuramaz-
da musste sich von ihm abgewandt haben, anders
war die Serie von Misserfolgen nicht zu erklären. Im
Kronrat brach daher offener Streit aus: Der Hofmar-
schall Nabarzanes erklärte, man müsse unbedingt
den Osten erreichen, koste es, was es wolle. Dort, in
Zentralasien, habe schließlich Bessos, der Satrap von
Baktrien und ein Verwandter des Großkönigs, eine
starke Hausmacht. Hier könne man Alexander zum
letzten Gefecht stellen.

Dareios hatte keine Lust, sich auf lange Diskussionen einzulassen. Wütend nahm er seinen Dolch und
stach auf Nabarzanes ein, der mit knapper Not ent-

kam. Bessos und Nabarzanes hatten ihre Entscheidung ohnehin längst getroffen. Sie wollten mit dem Teil des Heeres, der ihnen gehorchte, so schnell wie möglich den Marsch in den Osten fortsetzen und sich dort der Loyalität ihrer Satrapien vergewissern. Etliche der noch zögernden Satrapen hatten sich ihnen angeschlossen. Dareios blieb nichts anderes übrig als gute Miene zum bösen Spiel zu machen. Mit nur einem Teil der Streitmacht hatte er nicht den Hauch einer Chance, Alexander an Ort und Stelle zu stoppen. Er ließ Nabarzanes und die anderen Abtrünnigen wissen, dass er ihnen verzeihe. Die Würdenträger warfen sich vor ihm nieder, wie es das persische Zeremoniell verlangte. Der Zug setzte sich wieder Richtung Osten in Bewegung und erreichte den Ort Choara im westlichen Parthien. Die Risse schienen fürs erste gekittet.

Doch wenn Dareios geglaubt hatte, dass er mit seiner großmütigen Geste den Frieden im eigenen Lager wiederhergestellt hatte, dann täuschte er sich. Bessos, Nabarzanes und die anderen wussten jetzt, dass sie den angezählten Herrscher loswerden mussten, um nicht mit ihm ins Verderben zu rennen. Sie sammelten ein paar zuverlässige Soldaten um sich, schlichen zum Zelt des Königs und ließen Dareios in Fesseln legen. Sie rechneten fest damit, dass sie sich das Wohlwollen des Makedonen erkaufen konnten, wenn sie Dareios an ihn auslieferten. Doch auch die Verräter hatten die Rechnung ohne den Wirt gemacht – in die-

sem Fall die Soldaten, unter denen sich Panik breitmachte, kaum hatte sich die Nachricht von der Gefangennahme des Königs herumgesprochen. Das Heer löste sich auf. Einige flüchteten weiter in die Berge, andere legten ihre Waffen nieder, um sich Alexander zu unterwerfen.

Der Makedone hatte inzwischen die Kaspische Pforte passiert. Als ihm die Überläufer berichteten, was mit Dareios geschehen war und dass Bessos und Nabarzanes mit dem gefangenen Großkönig nur wenige Tage Vorsprung hatten, trieb Alexander seine Soldaten zu noch größerer Eile an. Er dachte überhaupt nicht daran, mit den persischen Verrätern irgendwelche Geschäfte zu machen, die ihnen womöglich die Herrschaft über den Osten des Reiches überlassen hätten. Damit verurteilte er Dareios zum Tode. Denn dass ihr vermeintliches As im Ärmel nichts wert war, begriffen auch Bessos und seine Mitverschworenen, als Alexanders heranstürmendes Heer in Sichtweite kam. Bessos nahm ein Schwert und tötete Dareios, seinen König und Verwandten. Dann ergriff er die Flucht.

Alexander, der wenig später am Ort des Verbrechens eintraf, breitete einen Purpurmantel über den toten Großkönig. Er ließ Dareios bei Persepolis in der Grablege seiner Ahnen bestatten, mit allen Ehren. So zeigte er, wie er seine eigene Herrschaft gesehen

Alexander an der Leiche des von dem Satrapen Bessos ermordeten Dareios. Gemälde von Giovanni Battista Piazzetta in der Ca' Rezzonico in Venedig.

Die Hinrichtung des Bessos. Grafik von Andre Castaigne (1899).

wissen wollte. Er verstand sich als legitimen Nachfolger des Perserkönigs. Alexander, dessen Eroberungszug ihn von Makedonien über Kleinasien, Syrien, Ägypten, Mesopotamien und die Persis bis nach Parthien geführt hatte, war nicht der Gründer eines Reiches. Er war auch kein Kriegsherr, der das Perserreich zerstört hatte. Er hatte es von den Achämeniden übernommen, in deren Kontinuität er sich demonstrativ stellte und deren letzten König er jetzt, im Juli 330 v. Chr., zur Ruhe betten ließ.

Der neue Herr des Achämenidenreichs

Alexander verzichtete erst einmal darauf, den flüchtigen Bessos zu verfolgen. Seine Männer waren erschöpft, und ohnehin gab es genug anderes zu tun. Das Heer lagerte in der weiten Ebene von Hekatompyle, der „hunderttorigen" Hauptstadt Parthiens, einem Verkehrsknotenpunkt, von dem aus Straßen in alle Richtung führten. Bald traf die Nachricht ein, Bessos habe sich in Baktrien zum König ausgerufen und den Thronnamen Artaxerxes angenommen. Außer Nabarzanes erkannten ihn Barsaentes und Satibarzanes an, die Satrapen von Arachosien und Drangiane sowie von Areia, außerdem eine Reihe lokaler

Fürsten. Alexander wandte sich zunächst nach Norden, dem Kaspischen Meer zu. Hierhin hatte sich Nabarzanes mit einem Kontingent griechischer Söldner geflüchtet. Sie unterwarfen sich Alexander, und Hyrkanien fiel widerstandslos an den Makedonen. Spätestens hier begann für den Eroberer aus dem Westen Terra incognita. Wo endete das Kaspische Meer, und welche Länder lagen dahinter?

Doch erst einmal hatte er keine Muße, dieser Frage nachzugehen, denn die Zeit drängte. Im Spätsommer brach das Heer aus Hekatompyle auf und zog durch unwirtliches Terrain ostwärts. Die Satrapien Areia, Arachosien und Drangiane musste er gewaltsam erobern, bevor er sich nach Norden wenden konnte. Zwischen ihm und Baktrien lag der Hindukusch. Das Gebirge, dessen Pässe rund 3000 Meter hoch liegen, forderte seinen Soldaten unsägliche Mühen ab, als sie sich im Frühjahr 329 v. Chr. an den Aufstieg machten. Zu den Strapazen des Marsches kamen Hunger und Kälte. Schließlich, im Juni, erreichten sie Baktrien, das sie kampflos einnahmen, weil Bessos sich inzwischen über den Oxos zurückgezogen hatte, den Grenzfluss, hinter dem am Rand der Wüste das noch unwirtlichere Sogdien lag.

In der sogdischen Aristokratie, die im Heer der Achämeniden eine wichtige Rolle gespielt hatte, ge-

noss Bessos erheblichen Rückhalt. Doch als die sogdischen Großen sahen, dass weder die Wüste noch
der reißende Oxos die Makedonen aufhalten konnte,
bröckelte ihre Unterstützung für den Usurpator. Sie
boten an, Bessos auszuliefern. Alexander ging darauf ein und schickte seinen General Ptolemaios mit
einer Reiterabteilung voraus, um den Gefangenen zu
übernehmen. Darüber, was dann geschah, gehen die
Darstellungen auseinander. Ptolemaios selbst berichtet in seinen – heute verlorenen – Erinnerungen, die
Sogdier hätten die Übergabe trotz der Abmachung
verweigert, und er habe Bessos gewaltsam gefangen
nehmen müssen. Andere Quellen vermelden, Bessos
sei wie vereinbart ausgeliefert worden. Wollte Ptolemaios seine Rolle also in der Rückschau in hellerem
Licht erstrahlen lassen? Fast hat es den Anschein.

Des Bessos Schicksal war besiegelt. Ptolemaios
ließ ihn fesseln. Dann zog das gesamte makedonische Heer an ihm vorbei. Schließlich lieferte man
ihm dem Bruder des Dareios aus, der ihn nach Bakt-
ra bringen, foltern und schließlich in Ekbatana durch
eine makedonisch-persische Heeresversammlung ab-

urteilen und hinrichten ließ. Mit Bessos' Ende war
der letzte persische Widerstand gebrochen. Alexander war nominell Herr über das Reich, das einst Kyros der Große gegründet und das die Dynastie der
Achämeniden über 200 Jahre beherrscht hatte. Das
freilich bedeutete nicht, dass er es auch tatsächlich
beherrschte. Noch immer gab es Satrapien, die sich
ihm nicht unterworfen hatten. Im Rücken des gewaltigen Heeres, das dem Ende der Welt entgegen-
marschierte, wurde die Gefolgschaft zum Teil schon
wieder brüchig. Selbst in Sogdien, wo sich Alexander bis 327 v. Chr. aufhielt, forderten Aufstände seine
Autorität heraus. Alexander schlug sie brutal nieder
und gründete auf seinem langen Marsch durch Asi-
en immer wieder „Alexanderstädte", in denen er makedonischen und griechische Soldaten ansiedelte, die
mit ihm durch dick und dünn gegangen waren. Die
Veteranen, auf deren Loyalität er
zählen konnte, sollten im Umland
für Ruhe und Ordnung sorgen. So
entstanden die Städte Alexandria in Areia, Alexandria in Ara-

chosien, Alexandria im Kaukasos in der Nähe des heutigen Kabul und schließlich Alexandria Eschate, das „äußerste" Alexandria, dort, wo Sogdien in das Land der Massageten überging. Hinter dieser am Fuß des Pamir errichteten Stadt lagen, so hörte man, nur noch Wüsten und bis zum Himmel aufragende Gebirge. Dann komme der Okeanos und damit das Ende der Welt. Alexander hörte es gern. Er brauchte nicht weiter nach Norden vorzudringen, sein Ziel lag jetzt im Osten.

Doch selbst die Loyalität der Makedonen war nicht mehr über jeden Zweifel erhaben. Vor allem die Elite, zu der die makedonischen Könige stets ein vertrautes, ja freundschaftliches Verhältnis gepflegt hatten, störte sich am persischen Hofzeremoniell und an Alexanders Anspruch, ein Gott zu sein. Seit Babylon, verstärkt noch seit Persepolis, machte sich Unmut unter den Männern seiner engsten Umgebung breit. Schon im September 330 v. Chr. sah sich Alexander genötigt, Philotas, den Sohn seines engsten Beraters Parmenion, durch eine Heeresversammlung zum Tode verurteilen zu lassen. Offenbar war Philotas, der die Hetairenreiterei kommandierte, in eine Verschwörung gegen Alexanders Leben verwickelt. 328 tötete Alexander während eines Trinkgelages in stark alkoholisiertem Zustand seinen engen Freund Kleitos, weil der ihn zuvor – ebenfalls im Suff – heftig kritisiert hatte. Und wieder ein Jahr später verübten in Baktrien sieben makedonische Nachwuchsaristokraten ein Attentat auf Alexander, das aber so stümperhaft geplant war, dass es scheitern musste. In allen drei Fällen wissen wir wenig genug über die Hintergründe, aber klar ist: Auf die bedingungslose Gefolgschaft der makedonischen Elite konnte Alexander sich nicht länger verlassen.

Für einiges Grummeln unter den Makedonen sorgte auch ein Schritt Alexanders, mit dem er die iranische Elite der nördlichen Peripherie enger an sich binden wollte. Vermutlich im Frühjahr 327 heiratete er Roxane, die Tochter des sogdischen Aristokraten Oxyartes. Oxyartes wurde zum Satrapen der Hindukusch-Provinz Paropamisadai, ein Bruder Roxanes trat in die Königsschwadron ein, eine besonders vornehme Abteilung der Hetairenkavallerie. Die Aussöhnung zwischen den makedonischen Eroberern und der alten Elite des persischen Reiches, deren Symbol diese Hochzeit war, war ein Projekt, das Alexander mit großer Energie weiterverfolgte und das schließlich 324 v. Chr. in der Massenhochzeit von Susa seine Krönung fand. Der frischvermählte Makedone war jetzt unangefochtener Herrscher über das Perserreich. Aber er wollte mehr: Da draußen wartete die Welt.

Michael Sommer, geb. 1970, ist seit 2012 Professor für Alte Geschichte an der Universität Oldenburg. Seine Forschungsschwerpunkte sind das Imperium Romanum, der östliche Mittelmeerraum sowie die Phönizier.

Der Sonne entgegen

Johannes Hahn

Über Täler, Gebirgshänge und Pässe des Hindukusch, in bisweilen über 3000 Metern Höhe bewegte sich im Frühsommer 327 v. Chr. ein Heer von 35 000 Mann samt Tross zu Fuß, auf Pferden und mit Wagen mühsam voran: Über den Khyber-Pass zum Kabul-Tal, um von hier durch die Landschaft Gandhara hinab zum Fünfstromland und zum Indus-Tal zu gelangen – und damit das antike Indien zu erreichen. Kein Makedone oder Grieche war dieser Route je gefolgt, kaum einer hatte das sagenhafte Indien zu Gesicht bekommen, wenn auch wunderbare Kunde über dieses Land am Rande der den Griechen bekannten Welt bis in den Mittelmeerraum gelangt war.

Das Reich der hundsköpfigen Menschen

Die Erwartungen der Soldaten Alexanders waren groß: An den Ausläufern der großen Steppe am Kaspischen Meer hatten sie zwei Jahre zuvor gehofft, dem Kriegervolk der Amazonen zu begegnen, über das ihnen ihre Mythen so viel berichteten. Später setzten sie die Erzählung in Umlauf, ihr Herrscher sei mit der Königin der Amazonen zusammengetroffen. Die Erwartungen an Indien, das man sich im äußersten Osten Asiens vorstellte und hinter dem man nur noch den Okeanos, das die Erde umfließende Weltmeer, wähnte, waren kaum geringer: Hier sollte es goldgrabende Ameisen, groß wie Füchse geben, gewaltige Drachen, hundsköpfige Menschen und andere Wunderwesen.

Die Wurzeln dieser griechischen Vorstellungswelt sind nur in Umrissen zu fassen. Erste Informationen über Indien rührten von einem Bericht über eine Erkundungsfahrt indusabwärts, die ein Kapitän namens Skylax im Auftrag Dareios' I. (52 – 486 v. Chr.) unternommen hatte. Nur wenige Zeilen lang ist die Notiz bei Herodot über jene Fahrt. Sie zeigt, dass bereits Skylax über Indien Staunenswertes berichtet und etwa die Existenz jener Hundsköpfigen behauptet hatte. An den Rand der

Alexander kämpft gegen Schlangen und Drachen. Miniatur aus La Vraye Histoire du Bon Roy Alixandre.

Welt hatten bereits griechische Sagen Wunderwesen platziert. Die frühen Geografen, etwa Hekataios (ca. 500 v. Chr.), scheuten sich so nicht, in ihren Weltbeschreibungen die Ränder der bewohnten Erde mit seltsamen Gestalten und unerhörten Naturphänomenen zu bevölkern. Und auch Herodot in seinen *Historien* (Mitte 5. Jh. v. Chr.) referierte indische Absonderlichkeiten und erzählte von goldgrabenden Ameisen. Hauptautor jener Berichte, die Indien im Westen als Land der tausend Wunder erscheinen ließen, war aber ein Arzt, Ktesias von Knidos, der zeitweise am persischen Herrscherhof wirkte, Indien allerdings nie zu Gesicht bekommen hatte. In seiner um 398 v. Chr. verfassten populären Schrift *Indiká* versetzte er mit Kranichen kämpfende Zwergmenschen, die den Griechen zuvor nur im südlichen Afrika „bekannt" waren, nach Osten, außerdem Menschen mit einem einzigen, riesigen Fuß, der sie zu rasendem Tempo oder auch zum Beschatten ihres Körpers befähigte u. v. m.

Hat nun Alexander tatsächlich auf der Basis solcher Informationen sich zum Wagnis einer neuerlichen enormen Ausweitung seines Feldzuges entschlossen? Noch weiter nach Osten und damit endgültig außer Reichweite seiner Heimatbasis, zudem mit eben erst erobertem Feindesland im Rücken? Die Frage unterstellt dem Makedonenkönig geografische Kenntnisse, die er nicht besaß. Denn vor seinen Augen und in militärischer Reichweite lag jenseits des Hindukusch allein das antike Indien (heute östliches Afghanistan und Pakistan), gleichbedeutend mit dem Ende der Welt, das im Osten vom Weltmeer beschlossen wurde. Die Existenz der Landmassen Mittel- und Nordasiens und des Fernen Ostens dagegen, ja selbst des indischen Subkontinents, war ihm unbekannt. Und sogar von jenem Indien, das unter Dareios I. eine Provinz des Achämenidenreichs gewesen war, sich aber später wieder hatte lösen können, waren in den persischen Verwaltungszentren zum Zeitpunkt ihrer Eroberung durch Alexander offenbar keine brauchbaren Erkenntnisse mehr verfügbar.

Hundsköpfige Menschen, sogenannte Kynokephale, wie man sie sich in der Antike (und auch später) in Indien und Afrika vorstellte.

Doch verstand es Alexander, sich Informationen zu beschaffen. Zwar wissen wir nicht, ob er Angehörige der nordindischen Kontingente, die bei Gaugamela gegen ihn kämpften, anschließend über ihre Heimat befragen ließ. Doch werden hochgestellte Inder in Alexanders Umgebung während des Guerillakriegs in Sogdien 328 v. Chr. erwähnt. Indische Radjas hatten angesichts der Machtkämpfe in Gandhara und im Fünfstromland großes Interesse, den unbezwingbaren Feldherrn aus dem Westen für sich zu gewinnen und ihn zum Eingreifen in ihre Fehden um den Besitz der reichen Fruchtebenen Nordindiens zu bewegen.

Auf dem Weg zur Weltherrschaft

Dennoch konnte es kaum überzeugende politische und sachliche Argumente für Alexander geben, sich auf ein indisches Abenteuer einzulassen. Die Motive und tieferen Gründe des Zuges nach Indien sind so auch nicht in militärischen oder machtpolitischen Überlegungen zu finden, sondern nur aus der Persönlichkeit, der Vorstellungswelt und dem Selbstverständnis des Makedonen heraus zu verstehen. Bereits nach dem entscheidenden Sieg über Dareios III. bei Gaugamela 331 v. Chr. hatte er gezeigt, dass es ihm um mehr als den Triumph über den Großkönig ging: Die Inbesitznahme der persischen Herrscherpaläste, die Verfolgung des flüchtigen Dareios weit nach Osten, dann die grausame Hinrichtung seines Mörders und die ehrenvolle Bestattung des toten Großkönigs sowie die mühsame Unterwerfung der äußersten Nordostprovinzen des Reichs zeigen, dass Alexander die umfassende Rechtsnachfolge der Achämeniden anstrebte. Dieses Ziel beinhaltete zugleich die Übernahme der imperialen Ideologie der persischen Herrscher, Großkönige zu sein, also den Anspruch auf Weltherrschaft. Dareios I. hatte diesen Anspruch sogar in Indien verwirklicht und so für Alexander den Maßstab gesetzt. Denn der Makedone war vom Willen durchdrungen, „immer der Beste zu sein und jeden zu übertreffen", wie sein Leitspruch aus Homers *Ilias* und der dort geschilderten Welt der trojanischen Helden lautete. Indien in den Grenzen der alten achämenidischen Herrschaft – und darüber hinaus! – zu unterwerfen, war sein Ziel.

Doch gab es auch mythische Vorbilder, auf deren Spuren Alexander sich sah und die er mit seinen Taten vor dem Urteil der Nachwelt zu übertreffen suchte; auch deshalb musste er nach Indien ziehen. Ganz im Sinne der heroischen Genealogie seiner Familie,

Alexander segelt auf dem Pazifik. Persische Buchillustration (um 1526).

der Argeaden, verstand sich Alexander als Nachfahre des Herakles und damit des Zeus; und auch Dionysos, dem Gott des Weines und der Entrückung, war er verbunden. Münzporträts des Königs und die Stilisierung seines Handelns geben von diesem Selbstverständnis, das im Laufe des Zuges nach Osten immer deutlichere Züge einer Selbstvergottung annahm, beredten Ausdruck.

Gerade für jene Protagonisten der griechischen Sagen- und Götterwelt verbanden sich nun Episoden ihres Wirkens mit Indien: Herakles war bei der Bewältigung seines Tatenzyklus überall zu den Rändern der Ökumene vorgestoßen, hatte dabei vorgeblich auch Indien durchwandert und dort den von Göttervater Zeus an einen Felsen geschmiedeten Prometheus befreit. Bei dem Versuch, eine Felsenburg

Alexander erkundet in einer Glastonne den Ozean. Miniatur aus Histoire du bon roi Alexandre (14. Jhr.).

im Norden zu erobern, war der Halbgott allerdings gescheitert. Dionysos galt den Griechen – wenig bescheiden – als der griechische Gott, der in dunkler Frühzeit den damals noch nomadisierenden Indern die Kultur gebracht, also Städte gegründet, die Kunst der Landwirtschaft und Viehzucht gelehrt und ihnen (neben dem Wein) Gesetze gegeben habe. Manche dieser Überlieferungen waren selbst für griechische Vorstellungen reichlich zweifelhaft, doch auf ihrem Vormarsch griffen Alexander und seine Makedonen begierig jeden Hinweis auf, der frühere Aufenthalte des Herakles oder Dionysos zu belegen schien.

Erneut ist es das agonale Selbstverständnis Alexanders, das Streben, sich in seinen Taten jedermann – selbst göttlichen Vorbildern – überlegen zu erweisen, das als treibendes Moment hervortritt und den Marsch nach Indien als Medium mythischer Imitation und heroischer Selbstverwirklichung kennzeichnet. Diese Wahrnehmung verhalf auch zum Bewusstsein, sogar in Indien, in der äußersten Fremde und dem Land der Wunder, sich noch im Wirkkreis der griechischen Zivilisation zu befinden. Das Beharren auf der Überlegenheit der eigenen Kultur, die Projektion der eigenen Mythen auf Fremdes und Neues und die Umdeutung des Andersartigen nach vertrauten Wahrnehmungsmustern kennzeichnen die Auseinandersetzung der griechisch-makedonischen Eroberer mit der so verschiedenen Natur, Lebenswelt und Kultur Indiens und seiner Bewohner.

Das Vorbild des Herakles, des zu den Grenzen der Welt vorgedrungenen Heros, verweist auf ein weiteres Ziel Alexanders beim Vorstoß nach Indien. Da nach dem gültigen griechischen Weltbild Indien zugleich den östlichen Rand der Ökumene einnahm und jenseits davon sich nur noch der grenzenlose Okeanos erstreckte, musste es auf diesem Wege möglich sein, nach der Durchquerung Indiens wie zuvor Herakles an das Ufer des großen Weltmeeres zu gelangen: Der Anspruch auf Weltherrschaft versprach hier Realität zu werden.

Den unbedingten Willen, die äußersten Ausläufer der bewohnten Welt zu erreichen und die eigene Herrschaft bis zu diesen Grenzen auszudehnen, hatte Alexander zuletzt drei Jahre zuvor bei der Eroberung Nordirans bewiesen. Die Gründung des „Äußersten Alexandreia", Alexandreia Eschate (etwa 100 Kilometer südlich des heutigen Taschkent, Usbekistan), an den Ausläufern der großen zentralasiatischen, zivilisatorischer Erschließung trotzenden Steppengebiete Zentralasiens unterstrich diesen Anspruch, der Bau von Altären am Fluss Jaxartes markierte ihn. In Indien sollte der König im Sommer 326 v. Chr. am Fluss Hyphasis, an dem die Meuterei seines Heeres ihn zur Umkehr zwang, erneut mit aufwendigem kultischem Zeremoniell und der Errichtung symbolischer Wegmarken das nunmehr wider besseres Wissen behauptete Erreichen des Endes der Welt begehen. Und schließlich, nach Ankunft in der Indus-Mündung im Sommer des folgenden Jahres, zelebrierte er auch das Erreichen des Okeanos mit Fahrten auf das offene Meer und dort in die Fluten gespendeten Opfern.

Die Suche nach den Grenzen der Erde sollte Alexander bis zu seinem frühen Lebensende nicht mehr loslassen. 326 v. Chr. erkundete eine Flotte das Kaspische Meer, um zu klären, ob dieses eine Verbindung zum nördlichen Ozean besitze, also eine Ausbuchtung des Weltmeers darstellte. Fahrten um die arabische Halbinsel 323 v. Chr., vor allem aber die „letzten Pläne" Alexanders für eine Eroberung des westlichen Mittelmeers, die nach seinem Tod publik wurden, dürften, sofern sie überhaupt authentisch sind, über ihren Charakter als Eroberungsfeldzüge hinaus zugleich als Expeditionen geplant gewesen sein. Einer Tradition zufolge soll Alexander sogar eine Umsegelung Afrikas ins Auge gefasst haben.

Logistik der Sehnsucht

Manche der skizzierten Vorstellungen und Ziele Alexanders scheinen nach heutigem Verständnis irrationaler Natur. Die Antike sprach vom *pothos* Alexanders, dem sehnsüchtigen Verlangen nach dem Unbekannten, dem im Grunde Unerreichbaren, und die moderne Wissenschaft ist ihr hier weitgehend gefolgt. Doch verband sich bei Alexander mit der Verfolgung solcher Ziele immer ein bemerkenswertes Maß an rationalem Kalkül in der Vorbereitung und Durchführung. So stehen neben der Sehnsucht nach den Grenzen der Welt, einem ungezügelten und an mythologischen Vorbildern orientierten Entdeckerdrang, zugleich die frappierend nüchtern und präzise betriebene logistische Vorbereitung und Durchführung des gewaltigen militärischen Unternehmens und eine ebenso pragmatische wissenschaftliche Erfassung der auf dem Eroberungszug begegnenden Realität.

Mehr als 2000 Jahre vor Napoleon (der den Makedonenkönig nachahmte), führte Alexander unter Aufbietung der fortschrittlichsten Logistik, Technik und Wissenschaft einen Stab von Ingenieuren und Gelehrten samt Gerät mit sich, der sich ausschließlich der Aufgabe widmete, die Länder und Völker, zu denen das Heer vordrang, zu erkunden und zu dokumentieren. Angesichts des Fehlens geografischer Karten in der Antike bedeutete schon die räumliche Erfassung und Orientierung, zumal für ein Heer in Feindesland von riesiger Ausdehnung, eine enorme Herausforderung. Die Buchführung von Bematisten, Schrittzählern, die auf dem Marsch die Entfernungen vermaßen, und die Dokumentation weiterer Informationen zu den Wegstrecken schufen die Grundlage, die später den hellenistischen Geografen für ihre Berechnungen diente und so die durch den Alexanderzug bewirkte Revision des geografischen Weltbildes fixierte.

Die Schlacht am Hydaspes 326 v. Chr. zwischen Alexander und dem indischen König Poros.

Es ist viel darüber spekuliert worden, welchen Einfluss Aristoteles auf die geografischen und naturkundlichen Interessen des jungen Alexander und auf die wissenschaftliche Erkundung der im Laufe des Feldzuges eroberten Gebiete gehabt haben mag. Philipp II. hatte 343/2 v. Chr. den berühmten Philosophen und Naturforscher aus Athen nach Makedonien kommen lassen und ihm die Erziehung des Prinzen übertragen. Doch währte dieser Unterricht nur drei Jahre. Und bei Eröffnung des Perserkrieges dürfte selbst ein Alexander oder Aristoteles nicht ernsthaft an eine Unternehmung bis an die Grenzen der bekannten Welt gedacht haben – und ebenso wenig an ein entsprechendes wissenschaftliches Begleitprogramm. Tatsächlich sind Vermessungen und Erkundungen erst beim weiteren Vormarsch nach Osten bezeugt. Angesichts der guten griechischen Kenntnisse über den Westen und das Zentrum des Perserreiches war dies vorher nicht nötig.

So muss offenbleiben, ob Alexander tatsächlich von der Vorstellung getrieben war, das geografische Weltbild seines Lehrers, wie dieser es in den *Meteorologika* formuliert hatte, zu verifizieren. Noch fraglicher ist, ob er für die späteren großen Werke seines Lehrers zur Biologie systematisch Material zusammenstellen ließ. Schon in der Antike existierten derartige Mutmaßungen; doch zumindest die Tradition, dass der große Wissenschaftler und sein kongenialer Schüler in großartiger Zusammenarbeit zum Vorteil der Menschheit wirkten, lässt sich als spätere Erfindung erweisen. Gefälscht ist der briefliche Augenzeugenbericht, den Alexander angeblich seinem Lehrer über die Wunder Indiens sandte. Selbst manche Kenntnisse des Aristoteles, die sich auf den ersten Blick Einsichten aus dem Vormarsch Alexanders nach Osten zu verdanken scheinen, lassen sich, wie beispielsweise die präzisen Beobachtungen zur Anatomie des Elefanten, leicht anders erklären. Unstrittig ist, dass im Gefolge des Alexanderzuges zahllose

Beobachtungen die Zentren des griechischen Wissenschaftsbetriebes erreichten und in die hier entstehenden großen biologischen und geographischen Sammelwerke eingingen.

Die Wunder Indiens

Auf dem Feldzug nach Osten war im Übrigen jenes verblüffende geografische und naturkundliche Interesse nicht allein dem Makedonenkönig zu eigen: Die bruchstückhaft erhaltenen Beobachtungen von Teilnehmern wie Kleitarch, Nearch und Onesikritos zu Klima, Fauna und Flora Indiens, insbesondere die hier geäußerten wissenschaftlichen Überlegungen in Auseinandersetzung mit älteren oder konkurrierenden Theorien, beweisen, dass auch jene Offiziere eine beachtliche naturwissenschaftliche Bildung und Aufgeschlossenheit besaßen. Bei der Begegnung mit unbekannten Naturphänomenen stellten sie treffende Beobachtungen an, entwickelten bedenkenswerte Argumente und fanden beeindruckend rationale Erklärungen selbst für Erscheinungen, die außerhalb ihrer bisherigen Vorstellungskraft liegen mussten.

So ist die Faszination, die die Flüsse Indiens auf die Eroberer aus dem Westen ausübten, allenthalben in den Texten noch zu spüren. Zahl, Größe und Wasserreichtum der indischen Ströme mussten den Soldaten, die eine Heimat mit sommertrockenem Klima und kargen Böden zurückgelassen hatten und nun über zwei Jahre lang die enorme Fruchtbarkeit der Schwemmböden dieses fremden Landes auf ihrem Marsch bestaunen konnten, immer wieder märchenhaft erscheinen. Kein geringeres „indisches Wunder" bedeutete der Monsun, dem sie hier begegneten. Zwar setzte der monatelange Dauerregen der Kleidung, der Ausrüstung und den Waffen und besonders der Kampfmoral der Makedonen in unvorstellbarer Weise zu, doch die Frage der Entstehung dieser Naturerscheinung packte manchen Teilnehmer. Gleiches galt für das Problem, wo die indischen Ströme entsprangen. Überlegungen, dass der Indus mit dem Nil und Ägypten in Verbindung stehe und somit das alte Rätsel des sommerlichen Nilanstiegs gelöst sei, drängten sich angesichts der Ähnlichkeiten von Klima, Pflanzen- und Tierwelt auf, wurden aber mit ebenso rationalen Erwägungen widerlegt. Der Marsch nach Indien korrigierte das vertraute Weltbild, warf aber neue Fragen auf: Den im Osten gesuchten Okeanos konnte Alexander nicht erreichen, er musste vielmehr erkennen, dass sich ostwärts von Indien noch weitere riesige Räume erstreckten; ob er auch vom Ganges und dem Großreich der Nanda Kenntnis erlangte, ist umstritten.

Die einfachen Soldaten im Heer werden solche Probleme allerdings kaum umgetrieben haben. Die indischen Wunder, die sie verifizieren wollten, waren die, die ihre Fantasie schon vor Erreichen des Landes in Bann geschlagen hatten. Sie forschten während des Feldzuges nach den goldgrabenden Ameisen und unternahmen alles, um ihrer habhaft zu werden. Einheimische, außerstande, lebende Exemplare der Spezies beizubringen, boten ihnen schließlich wenigstens Felle der sagenumwobenen Tiere zum Kauf an. Dieses „Einvernehmen" zwischen den Eindringlingen und der ansässigen Bevölkerung verweist auf ein markantes Muster der Begegnung von griechisch-makedonischen Eroberern mit der ihnen so fremden Natur und Kultur Indiens – und gleicht dabei einem Denkmuster, das auch bei modernen Ethnologen zuweilen anzutreffen ist: Die Teilnehmer des Indienzuges suchten, wie ihre bruchstückhaft erhaltenen Berichte noch spiegeln, nach Bestätigung für die Vorstellungen, die sie in ihrem unbewussten kulturell-ideologischen Marschgepäck mitgebracht hatten: Amazonen, goldgrabende Ameisen, Drachenschlangen oder Meeresungeheuer. Fast alle Kreaturen und Monster ihrer heimischen Sagen und der mit Indien verknüpften Bilderwelten ließen sich bei rechtem Bemühen im Lande wiederfinden. Die Abweichungen zwischen mitgebrachten Bildern und vorgefundener Realität boten den dankbaren Stoff, um der Heimat später die tatsächliche Begegnung mit der Wunderwelt Indiens glaubhaft zu machen. Die eigenen kulturellen Leitmotive und Wahrnehmungsmuster fanden so vor allem eindrucksvolle Bestätigung; im Lande erwies sich meist nur ihre Ergänzung, nicht aber ihre grundlegende Revision als nötig.

Vielleicht sollte man die Intensität und Tiefe der Begegnung und Auseinandersetzung zwischen Eindringlingen und Einheimischen aber bereits aus praktischen Gründen nicht überschätzen. In den Berichten gibt es nicht allzu viele Hinweise auf intensive Kommunikation zwischen den beiden Seiten; ja, es fällt auf, dass Verständigungsprobleme wiederholt eine nicht geringe Rolle spielten. Die Konversation Alexanders mit einem indischen Weisen scheiterte daran, dass dieser es für wenig hilfreich erklärte, über drei (!) Dolmetscher philosophische Sachverhalte verständlich machen zu sollen. Es wundert nur wenig, dass jene indische Weisheit, die Onesikritos im Auftrage des Königs schließlich ausfindig machte und der Nachwelt überlieferte, so auffallende Über-

Quadriga von Kampfelefanten auf einer Münze des Ptolemaios I. Soter (um 300 v. Chr.).

einstimmungen mit griechischen philosophischen Lehren aufweist. Die spirituelle und gesellschaftliche Stellung der indischen Gesprächspartner – ob Yogis, Sadhus oder Brahmanen – in ihrer Umwelt blieb den Makedonen ohnehin verborgen; die Bezeichnung Gymnosophisten, „nackte Weise", wurde unterschiedslos auf sie alle angewandt. Über weite Strecken des Indienfeldzuges scheint die Sprache der makedonischen Waffen so unzweideutig gewesen zu sein, dass sich eine differenzierte Verständigung erübrigte.

Strategie des Terrors

Die Bewunderung für die Ausdauer und Leidensfähigkeit des Heeres, für die Kühnheit des Planens und den Erkenntnisdrang Alexanders, und auch die Faszination der Berichte von der Begegnung dieser Männer mit den Wundern Indiens lässt leicht vergessen, dass das Unternehmen erst in zweiter Linie eine Expedition bedeutete, bei der Griechen und Makedonen erstmals in klimatische Verhältnisse vordrangen und auf Fauna und Flora sowie eine Kultur und gesellschaftliche Verhältnisse trafen, die im Westen zuvor unbekannt waren. In erster Linie handelte es sich beim Vorstoß nach Indien um einen Feldzug, genauer, einen Eroberungszug. Dieser stellt sich als ungewöhnlich brutal, ja grausam dar, und das weit über das übliche Maß antiker Kriegführung hinaus.

Wenn auch in den Berichten von Verhandlungen mit einheimischen Fürsten und dem Abschluss von Verträgen die Rede ist, so erschließt eine genaue Lektüre der Texte doch eine meist anders geartete Realität: Alexander erwartete von Herrschern, Stämmen und Städten, deren Territorium seine Marschroute

berührte, sofortige Unterwerfung. Jedes Zögern, jeden Widerstand, ja bereits die Flucht beantwortete er unverzüglich mit Gewalt. Immer wieder statuierte er grauenvolle Exempel: So wurde bereits während des Vormarschs durch die Bergregion des Kabul-Tals die dortige Bevölkerung, die ihre Siedlungen, ohne Widerstand zu leisten, bei seinem Anmarsch geräumt und sich auf Höhen in Sicherheit gebracht hatte, verfolgt und attackiert, der erste dieser befestigten Plätze gestürmt und sämtliche Verteidiger niedergemacht. Immer wieder ließ Alexander Fliehende verfolgen und wehrlose Männer, Frauen oder Kinder abschlachten. Sein Heer verbreitete in einer Weise Angst und Schrecken, die nur mit Terror bezeichnet werden kann.

Dieser Terror entsprang dem Willen Alexanders, der bedingungslose Unterwerfung erwartete, die Einwohner jeglicher Ressourcen beraubte, um sein Heer zu versorgen, der gegenüber echtem oder vermeintlichem Widerstand zur Strategie der verbrannten Erde griff, ganze Landstriche entvölkern ließ und seinen Truppen verbot, Gefangenen zu nehmen oder die Bewohner eroberter Siedlungen zu versklaven befahl. So dürfen auch die faszinierenden Berichte von geistvollen Zwiegesprächen mit indischen Yogis nicht darüber hinwegtäuschen, dass die Invasoren aus dem fernen Westen von der Bevölkerung als ein Verhängnis ähnlich den Hunnen im Europa der Spätantike und des Mittelalters erfahren wurden.

Die Strategie des Terrors blieb auch für ihre Urheber nicht ohne Folgen. So ist das Paradox zu konstatieren, dass die in den ersten Jahren des Kriegszuges bei Issos und Gaugamela erfochtenen Schlachtensiege zwar enorme Anstrengungen, höchste strategische Kunst und ebenso Kriegsglück erfordert hatten, die Kämpfe in den östlichen Provinzen, in Baktrien, Sogdien und dann vor allem in Indien, jedoch für Alexander und seine Soldaten unversehens lange Jahre entbehrungsvoller und weit verlustreicherer Kleinkriegführung bedeuteten.

Die in den Quellen für das Alexanderheer bei den einzelnen Gefechten und Eroberungen angeführten Verluste, die anders als die für die indischen Gegner gebotenen Zahlen realistisch sein dürften, beweisen, dass der heftige einheimische Widerstand in Indien vom makedonischen Heer einen weit höheren Blutzoll verlangte als je in den Kämpfen zuvor. Der Terror Alexanders rief erbitterte Gegenwehr hervor und forderte so seinen Preis auch unter des Königs eigenen Soldaten; die Tapferkeit indischer Krieger aber ging in das historische Gedächtnis des Okzidents ein.

Bedingungen des Erfolgs

Fragt man sich nach den Gründen für die dennoch unbestreitbare Überlegenheit der Invasionsarmee, für die frappierenden Erfolge Alexanders und seiner Soldaten in Indien, so rührt man an ein Grundproblem des Phänomens Alexander und seines Unternehmens überhaupt. Einer umfassenden Erklärung wird sich der unerhörte Siegeszug über Zehntausende von Kilometern durch Feindesland wohl immer entziehen. Einige auf den Indienfeldzug beschränkte Beobachtungen mögen aber die heute nur noch schwer nachzuvollziehende beispiellose Schlagkraft, Effizienz und taktische Überlegenheit des Heeres Alexanders zu verstehen helfen.

Jenes Heer, mit dem Alexander im Frühsommer 327 v. Chr. in Indien einfiel, besaß nach elf Jahren Kriegführung eine Kampfpraxis und Professionalität, wie sie keine andere Streitmacht der griechischen Geschichte zuvor oder später je wieder vereinigte. Zudem waren die Kontingente, die Alexander nach Indien führte, diejenigen seiner Streitmacht, die sich im Verlauf des Asienfeldzuges als die leistungsfähigsten bewährt hatten. Große Kontingente, vor allem Söldner und Verbündete, waren wie zuletzt 13 500 Mann in Sogdien für Sicherungs- und Sonderaufgaben zurückgelassen worden. Was verblieb und Indien erobern sollte, waren somit ausschließlich Elitetruppen sowie eigens ausgewählte berittene Spezialeinheiten.

Manche der mitgeführten Waffengattungen waren in Indien kaum geläufig; dies galt erst recht für Militärtechnologie, die das Heer im Tross mitführte. Die zerlegt mitgeführten Katapulte und Geschütze, aber auch weitere Be-

Rekonstruktion der makedonischen Phalanx in der sogenannten „Elephantenschlacht" bei Hydaspes.

lagerungstechnik (Belagerungstürme, Pionierbrücken, Miniertechnik) erwiesen sich – in Indien bislang unbekannt – wiederholt als kampfentscheidende Waffensysteme, mit denen selbst als uneinnehmbar geltende Felsennester gestürmt, stark befestigte Städte erobert und unwegsames Gelände überwinden wurde. So hatten die Verteidiger der aus getrockneten Lehmziegeln errichteten Städte der „Feuer"-Kraft der makedonischen Geschützbatterien wenig entgegenzusetzen. Alexanders Pioniere errichteten eine Schiffbrücke über den Indus und eine Uferstraße für den Marsch des Heeres, das die Flotte flussabwärts begleitete. Städte und Festungen wurden aus dem Boden gestampft, im Indus-Delta Häfen und Werftanlagen gebaut sowie bei Bedarf Flottillen mit Hunderten von Einheiten auf Kiel gelegt.

Diese nur vereinzelt in den Quellen dokumentierte logistische Leistung des makedonischen Heeres verweist auf zuweilen kaum fassbare, zudem historisch vorbildlose Leistungen: So erreichten auf dem Höhepunkt des Indienfeldzuges 25 000 dringend benötigte Rüstungen aus der Heimat das Heer. Beim Marsch gegen König Poros wurde die zuvor für die Überquerung des Indus errichtete Flotte in Einzelteile zerlegt und 250 Kilometer über Land zum Hydaspes transportiert.

Dieses Heer stellte mithin eine perfekte, jederzeit funktionsfähige Kampfmaschine dar. Dass sie über viele Jahre hinweg auch ihre unwiderstehliche, furchtbare Wirkung entfalten konnte, verdankte sie aber ihrem Organisator und Feldherrn. Alexander verstand es mit seinem Charisma, seine Männer zu vorbehaltloser Einsatzbereitschaft zu motivieren und auf unbedingte Loyalität einzuschwören – ein Zauber, der erst bei der Meuterei des erschöpften, vom Monsun zermürbten Heeres am Hyphasis zerbrach. Auch sein strategischer Weitblick und taktisches Genie waren, im Verein mit seinem atemberaubenden persönlichem Wagemut, entscheidende Bedingungen für den Erfolg des Feldzugs.

Alexanders in Indien praktizierte taktische Prinzipien muten atemberaubend modern an: Schnelligkeit, Beweglichkeit und das Überraschungsmoment charakterisierten sein operatives Handeln. Die Gliederung des Heeres in kleine, selbständig operierende Einheiten bewirkte eine enorme Mobilität, Schlagkraft und Tiefenwirkung des Vormarsches. Zudem gliederte er die Einheiten und Waffengattungen je nach Aufgabe ständig neu; zuweilen lässt sich bereits von einer regelrechten Orchestrierung des Gefechtes der verbundenen Waffen sprechen.

Das makedonische Heer traf demgegenüber in Indien auf eine Kriegführung, die nach den Schlachten gegen Dareios kaum Überraschungen bot. In indischen Heeren spielten Streitwagenschwadronen eine hervorgehobene Rolle. Deren Ausschaltung durch berittene Schützen oder schwere Kavallerie war bereits in Issos und Gaugamela geglückt. Dieselbe Taktik führte in der einzigen Feldschlacht des Indienfeldzugs zum Erfolg. Der anderen Hauptwaffe indischer Aufgebote, Kampfelefanten, waren die Makedonen erstmals in Gaugamela begegnet: ein grauenerregender Anblick für Männer, die nie zuvor solche Ungetüme erblickt hatten. Die neuerliche Begegnung mit Kriegselefanten in der Schlacht am Hydaspes 326 v. Chr., in der 80 Tiere mit Kampftürmen das indische Zentrum bildeten, markierte die größte Herausforderung für die makedonische Phalanx und war das denkwürdigste militärische Ereignis des Indienfeldzugs überhaupt. Die detaillierte Schilderung gerade dieser Schlacht in den Quellen legt davon ein beredtes Zeugnis ab. Wir verdanken ihr deshalb zugleich einen einmaligen Einblick in das taktische Genie Alexanders, da die Phasen des Kampfgeschehens genau beschrieben werden. König Poros, der Gegner Alexanders in diesem Gefecht, der seine Truppen von einem Elefanten aus befehligt und bis zur Niederlage gekämpft hatte, gewann wegen der Symbolträchtigkeit der großen Elefantenschlacht in der historischen Rezeption die Rolle des heroischen Widerparts des Makedonenkönigs bei der Eroberung Indiens.

Der Faszination der Elefanten, des königlichen Symboltieres der Inder, war im Übrigen sein Gegner Alexander schon lange vor der Schlacht am Hydaspes erlegen: Seit Beginn der Operationen in Nordindien legte er beträchtlichen Wert darauf, dass lokale Fürsten ihm als Zeichen ihrer Kooperationsbereitschaft unverzüglich die kompletten Bestände ihrer herrscherlichen Elefantenställe übereigneten. Mindestens 200 Tiere müssen sich im Laufe des Feldzugs im Tross des Heeres angesammelt haben. Offenbar fanden sie allerdings ausschließlich für Transportzwecke Verwendung, denn ihr Kampfeinsatz wird an keiner Stelle erwähnt und wäre auch schwerlich mit den taktischen Prinzipien Alexanders zu vereinbaren gewesen. Gegen Ende des Indienfeldzugs wurde die stattliche Herde dann zusammen mit anderen Einheiten dem Kommando des Krateros, einem der bewährten Generäle Alexanders, unterstellt und

auf einer sicheren Route nach Westen in Marsch gesetzt. Im Zentrum des Reichs sollten sie für künftige Aufgaben bereitstehen – und tatsächlich begegnen sie dann nach dem Tode Alexanders 323 v. Chr. in den Heeren seiner Nachfolger, der Diadochen, die im Stile orientalischer Herrscher umfangreiche Elefantentruppen unterhielten und in ihre Bruderkriege führten.

Rückmarsch nach Babylon

Zwei Jahre verbrachte das Alexanderheer kämpfend und 6000 Kilometer marschierend in Indien, einem Land, das Offizieren wie Soldaten bei aller Neugier, Beobachtungs- und Spekulationsfreude doch fremd blieb. Der Rückmarsch aus Indien erfolgte nicht auf vertrauten Wegen; nur die erbeuteten Elefanten, der Gerätepark und weniger belastbare Truppenteile verließen das Indus-Tal auf einer sicheren Landroute nach Westen. Alexander suchte mit ausgewählten Truppen neue Herausforderungen: wieder in der Absicht, mythologische Vorbilder zu übertreffen. Er versuchte, durch die Wüste Gadrosien (Belutschistan), eine ebenso unwirtliche wie unerforschte Region, in das Herz seines Reiches, die Persis und das Zweistromland, zurückzugelangen. Gleichzeitig hatte eine Flotte den Auftrag, die Küstenstrecke vom Indus-Delta nach Westen zu erkunden.

Der Marsch durch Gadrosien endete nahezu in einer Katastrophe. Die Entbehrungen und Opfer waren so groß, dass sie die Verluste der Kämpfe während des Indienzugs übertrafen. Und doch hinterließ die Durchquerung dieser Wüste bei den Teilnehmern einen solchen Eindruck, dass ihre Berichte die Faszination der Vegetation, Tierwelt und Lebensbedingungen dieses feindseligen Landstriches bis heute vermitteln.

Das parallele Flottenunternehmen war angesichts der bescheidenen nautischen Fähigkeiten der Griechen nicht weniger riskant. Die Besegelung des „Roten Meeres", d. h. des Indischen Ozeans (bzw. des Golfs von Oman) entlang der Küste des Makran, ist in einem einzigartigen Text dokumentiert, dem *Periplous* des Admirals Nearch. Von späterer Hand nur geringfügig bearbeitet, hat sich der authentische Charakter dieses Logbuchs mit navigatorischen Tagesdaten erhalten. Zugleich bietet der Text u. a. faszinierende Schilderungen der Lebensweise einer steinzeitlichen Küstenbevölkerung, der sog. Fischfresser, Ichthyophagen.

Es steht außer Zweifel, dass Alexanders Ziele in Indien weit über die gewaltsame Erkundung des Landes oder das Erreichen des Okeanos hinausgingen. Seine Weltreichsvorstellung verlangte nicht nur die Eroberung, sondern auch die anschließende Behauptung Indiens. Doch Alexander musste buchstäblich mit dem Tage seines Aufbruchs nach Westen durch Gadrosien bereits schmerzlich erkennen, dass jene Pläne illusorisch und damit auch die Anstrengungen der zurückliegenden zwei Jahre machtpolitisch vergeblich gewesen waren – aber auch, dass die brutale Unterdrückung der Einheimischen sich nun rächte: Sofort ausbrechende Aufstände ließen Nearch und die Flotte, die noch auf den Nordostmonsun warten mussten, in Bedrängnis geraten. Weitere Hiobsbotschaften über den sukzessiven Zusammenbruch der makedonischen Herrschaft in den verschiedenen Landesteilen Indiens erreichten Alexander während seines Rückmarsches nach Babylon.

Johannes Hahn, geb. 1957, war Professor für Alte Geschichte an der Universität Münster. Seine Schwerpunkte sind die Kultur-, Religions- und Sozialgeschichte der römischen Kaiserzeit sowie die Kulturgeschichte des Hellenismus.

Alexander als Wegbereiter des Hellenismus

Julian Degen

Unter dem Begriff Hellenismus wird im engeren Sinne die Epoche verstanden, die den Zeitraum von Alexanders Eroberung des Perserreichs bis zur Eingliederung des letzten hellenistischen Reichs, des ptolemäischen Ägypten, als Provinz in das Römische Reich im Jahr 31 v. Chr. markiert. Im weiteren Sinne wird Hellenismus als ein Überbergriff für einen Strom an Prozessen verstanden, welche die Kulturen Eurasiens entscheidend und langfristig prägten.

Wie jede Einteilung von Zeiträumen ist auch jene des Hellenismus problematisch. Epochen sind unabdingbare Kategorien zur Ordnung der Vergangenheit, die Historikerinnen und Historiker anhand von Merkmalen bestimmen, die sie für einen Zeitraum als charakteristisch betrachten. Diese Merkmale stellen die Parameter unserer Konzeptualisierung der Vergangenheit dar und bestimmen letztendlich ihre Wahrnehmung. Umgehen lässt sich die Konstruiertheit historischer Epochen nicht, obwohl damit zahlreiche Probleme mitschwingen und die berechtigte Frage nach der Ausgewogenheit der Wahl der Orientierungspunkte unseres Geschichtsbildes aufgeworfen wird. Denn sowohl die enorme zeitliche als auch die räumliche Dimension, in der diese Epoche in unserem modernen Geschichtsbewusstsein konzeptualisiert wird, erschwert es, eine genaue Definition ihres Wesens zu bieten. Schließlich weist der Hellenismus eine globale Dimension auf, insbesondere wenn er vom Standpunkt der griechischen Welt aus gedacht wird. Die hellenistische Welt erstreckte sich über den gesamten Mittelmeerraum und Eurasien bis nach Indien. Ungeachtet dessen, in welche historischen Kategorien man die Prozesse, die in diesem Raum und in dieser Zeit stattfanden, einordnet, führen moderne Einteilungen der Vergangenheit notwendigerweise zu Unschärfen. Diese trüben unseren Blick auf die Vorgänge in diesem Zeitraum, wobei je nach Perspektive unterschiedliche Prozesse in den Fokus genommen werden.

Im Hinblick auf den Hellenismus werden zum einen politische Entwicklungen und zum anderen kulturelle Prozesse als charakteristisch bezeichnet, die

Der sogenannte Antiochos-Zylinder, ein Weihezylinder für Antiochos I. Soter, ist in babylonischer Sprache geschrieben, enthält aber griechisch geprägte Botschaften – ein Symbol für das Zusammenspiel beider Traditionen im Seleukidenreich.

zu einem höchst ambivalenten Bild der Epoche führen. Trotz ihrer Diversität weisen alle charakteristischen Merkmale der Epoche eine Gemeinsamkeit auf: Sie stehen alle in einem untrennbaren Zusammenhang mit Alexander.

Eine geteilte Welt?

Ein für die Epoche des Hellenismus typischer politischer Prozess ist zunächst die Überwindung des partikularen Staatsgedankens der Klassik. Zeichnete die Welt des klassischen Griechenland eine Vielzahl an Stadtstaaten mit unterschiedlichen Verfassungsformen aus, war ihre Abhängigkeit von übergeordneten politischen Systemen meist nur von kurzer Dauer. Die Welt des Hellenismus hingegen war eine gänzlich andere. Seit dem Sieg der Makedonen unter Philipp II., dem Vater Alexanders, gegen eine Koalition von Griechen in der Schlacht bei Chaironeia im Jahr 338 v. Chr., standen sie dauerhaft unter der Oberherrschaft von Imperien. Eine direkte Folge der Schlacht war die Gründung des sogenannten Korinthischen Bundes, der zwar Alexanders Herrschaft nicht überdauern sollte, jedoch eine Zäsur in der politischen Welt der Griechen darstellte. Deshalb betrachten manche Gelehrte, deren Vergangenheitsschau auf Griechenland fokussiert ist, diese Schlacht als Beginn des Hellenismus. Schließlich kamen die Griechen in direkte Berührung mit monarchischer Herrschaft; eine Erfahrung, welche die Bewohner Vorderasiens bereits vor Jahrhunderten gemacht hatten. Obwohl die griechischen Stadtstaaten unter der Oberherrschaft von hellenistischen Königen keine Änderung der Verfassung dulden mussten, existierten sie fortan nicht mehr als freie Kräfte in der politischen Landschaft Griechenlands. Sie verband nun der Schirm der Macht der hellenistischen Monarchien, die sich aufgrund aufeinanderfolgender Konflikte in ihrer Oberherrschaft abwechselten.

Was sich in der hellenistischen Zeit außerdem änderte, war die räumliche Dimension monarchischer Herrschaft in der Form, wie sie die Makedonen vorgeprägt hatten. Alexanders Eroberungen lösten eine Eruption aus, welche die gesamte östliche

Rekonstruktion des Mausoleums für Maussolos in Halikarnassos (dem heutigen Bodrum), eines der sieben Weltwunder der Antike.

Mittelmeerwelt und Teile Eurasiens erfasste. Das Resultat war, dass eine Vielzahl ihrer Bewohner Untertanen der Makedonen wurden. Damit geriet die bekannte Weltordnung in eine Schieflage. Mit dem Verschwinden des Achämenidenreichs von der politischen Landkarte und der darauffolgenden Fragmentierung des Alexanderreichs waren die Griechen nun nicht mehr einem einzigen Imperium benachbart, sondern gerieten in das Spannungsfeld mehrerer imperialer Formationen. Dies führte zu einer völlig neuen politischen Situation, die sich zugleich in der Formierung eines kosmopolitischen Bewusstseins äußerte. Die Geisteskultur der hellenistischen Zeit setzte gänzlich neue Akzente, was die räumliche Ausbreitung griechischer Kultur und Denkweise betraf, wovon die Frage nach kultureller Identität nicht unberührt blieb.

Ein weiterer wesentlicher politischer Prozess der Epoche ist das sich ständig wandelnde Konkurrenzverhältnis der hellenistischen Großreiche. Gemeinsam war diesen Reichen, dass sie von Griechen und Makedonen beherrscht wurden, die sich die Ambiti-on teilten, das Imperium Alexanders in seiner größten Ausdehnung zu beherrschen. Eine Serie von schier nicht enden wollenden Kriegen, die in unterschiedlichen politischen Allianzen ausgefochten wurden, stieß einen folgenschweren Prozess an. Jener resultierte in der Herausbildung zweier Imperien, welche die weitere Geschichte des Großraums Afro-Eurasiens in den kommenden Jahrhunderten bestimmen sollten: Rom und das Partherreich. Bemerkenswerterweise positionierten sich beide Großreiche trotz ihrer großen zeitlichen Distanz zu Alexander in unterschiedlicher Weise zu seinem Erbe.

Kulturelle Kontakte und Konflikte

Neben den politischen Veränderungen sind kulturelle Austausch-, Kontakt- und Transformationsprozesse im Hellenismus angestoßen worden, deren Resultate es erschweren, das Wesen der Epoche näher zu bestimmen. In der historischen Fachliteratur ist die Rede von einer Vermischung der beiden konst-

auf den Mittelmeerraum beschränkt und lassen sich nach Alexanders Eroberungszug auch im fernen Asien wiederfinden. Aber der griechische Kunststil wurde nicht einfach übernommen, sondern mit den jeweiligen indigenen Stilen kombiniert. Dieser Vermischungsprozess wurde bereits vor der Zeit Alexanders und der hellenistischen Könige angestoßen. So ließ in achämenidischer Zeit Maussolos, der Satrap Kariens, sein berühmtes Mausoleum in Halikarnassos errichten. Hier finden wir bereits neben vielen Elementen, die den typischen hellenistischen Stil in Kunst und Architektur definieren, auch Vermischungen griechischer Formen mit jenen der indigenen Kultur.

Dynamik erhielt diese Entwicklung von den hybriden Formen der Repräsentation hellenistischer Könige, die auf die Vorstellungen legitimer Herrschaft ihrer Untertanen eingingen, ohne jedoch die typische Signatur makedonischer Königsherrschaft zu vernachlässigen. Das Kontaktverhältnis unterschiedlicher Kulturen resultierte in Hybridformen monarchischer Repräsentation, die Mischungen unterschiedlicher Kulturelemente zu ungleichen Verhältnissen darstellen. Auch diese Entwicklung stieß Alexander an, dessen Konzeption von imperialer Herrschaft den Beginn einer Traditionslinie markiert, die bis zum Ende des Hellenismus reicht und selbst in späterer Zeit, wenn auch nur sporadisch, aufgegriffen wurde.

Die Hellenisierung Vorderasiens: Griechentum als Leitkultur?

Abseits der Dynamiken, denen die Ausformung von Kunst und monarchischer Repräsentation unterlagen, dominiert die sogenannte Hellenisierung oder Gräzisierung unsere Wahrnehmung des Hellenismus als Epoche. Darunter wird eine Vielzahl kultureller Prozesse verstanden, die in der Mittelmeerwelt und Eurasien durch Alexanders Eroberungen angestoßen wurden und die unmittelbare Alltagswelt der Menschen betraf. Unter Hellenisierung wird die Auswirkung der Strahlkraft des Griechentums auf indigene Kulturen verstanden, das für jene in verschiedener Weise und Intensität einen Orientierungspunkt darstellte. Mit Hellenisierung ist ein Begriff gemeint, der die Anpassung von Nichtgriechen an die griechische Kultur und die damit einhergehende ganzheitliche oder teilweise Aufgabe ihrer früheren Lebensweise beschreibt. Ein ähnliches Konzept begegnet uns für die römische Zeit in Form der sogenannten Romanisierung.

ruierten Kulturgemeinschaften „Orient" und „Okzident", die auf Alexanders Politik zurückzuführen sei. Ihre Komplexität entzieht sich einer Definition, sodass der Hellenismus neben einem Epochenbegriff auch ein kulturelles Phänomen ist, das sich einer genauen Definition entzieht. Nach wie vor stellt sich in der Gelehrtenwelt die Frage, wie die Anteile von Orient und Okzident in dem Mischverhältnis, das „hellenistische Kultur" genannt wird, zu bemessen sind. Jene erweist sich bei genauer Inaugenscheinnahme als eine vielköpfige Hydra. Ein Blick auf die hellenistische Kunst und Architektur mag dies verdeutlichen.

In Griechenland, der Mittelmeerwelt und insbesondere Kleinasien lässt sich die Ausformung einer bestimmten Kunstform beobachten, die als eine Weiterentwicklung des griechischen Kunststils der Klassik und als typisch für den Hellenismus gilt. Diese Kunstformen waren in ihrer Ausbreitung zunächst

Oft und gerne wird in diesem Zusammenhang der griechischen Kultur die Rolle einer „Leitkultur" attestiert. Hierfür sprechen zum einen die zahlreichen Bauten griechischen Architekturstils in Asien, wofür das Theater in Babylon oder die nach griechischem Vorbild errichteten Tempel in Ai Khanoum im Nordosten des heutigen Afghanistan zeugen. Zum anderen übernahmen Indigene griechische Namen, wie zum Beispiel der babylonische Priester *Bel-re'û-sunu*, der unter dem Namen Berossos eine Weltchronik in griechischer Sprache verfasste. So scheint vieles dafür zu sprechen, dass die Welten Altvorderasiens in den Mantel des Griechentums gehüllt worden waren. Aber es ist unklar, wie genau sich das Griechentum definieren lässt. Schließlich ist es doch selbst ein diverses Konglomerat an Kulturen, die Historikerinnen und Historiker mit dem Etikett „griechisch" versehen. Ebenso sucht die Forschung nach wie vor nach einer klaren Antwort auf die Frage, wie sich die dadurch entstandenen kulturellen Hybridformen beschreiben lassen. Die notorische Unschärfe des Kulturbegriffs erschwert das Formulieren einer klaren Antwort.

Hellenismus: die Geburt eines geschichtsmächtigen Konzepts

Wie man den Prozess der Hellenisierung in seiner Ausformung und Bedeutung beurteilt, hängt stark von individuellen Standpunkten ab, die zweifelsfrei Ausdruck moderner Weltsichten sind. Unsere moderne Perspektive ist stark von vorherrschenden Meinungsbildern geprägt, die bereits im 19. Jahrhundert, als sich die Geschichtswissenschaft als akademische Disziplin etablierte, traditionsreich waren. Seit der Frühen Neuzeit interessierten sich europäische Gelehrte für Alexander und die Welt, die er hinterließ. In ihren Schriften schufen sie wirkungsmächtige Narrative, die nach wie vor unser Bild vom Hellenismus als Epoche beeinflussen.

Vor dem 17. Jahrhundert galt der makedonische Eroberer als das Idealbild eines Herrschers, der als Maßstab diente, um die Tugendhaftigkeit neuzeitlicher Fürsten abzuwägen. Mit dem Beginn der Expansion europäischer Großmächte in die Neue Welt, Afrika und Asien begann sich die Rolle Alexanders im europäischen Diskurs schlagartig zu ändern. Seine beispiellosen Eroberungen machten ihn zum idealen Referenzpunkt, um Expansionsbewegungen und Imperialismus zu rechtfertigen. Die Ausbreitung der Griechen und Makedonen in die Welten Eurasiens war hierfür eine passende Vergleichsfolie, durch wel-

che man die Gegenwart betrachten konnte. Besonders im frühneuzeitlichen Frankreich wurden ideologisch aufgeladene Schriften über Alexander verfasst, die nicht darauf abzielten, ein möglichst objektives und neutrales Bild seiner Herrschaft zu zeichnen. Man wollte den gegenwärtigen Expansionsbewegungen eine historische Tiefendimension verleihen. Beispielsweise etablierte sich eine Leseart der antiken Berichte zu Alexander, die ihn in die Rolle des Entdeckers rückte. So wurde der Eroberer auf Augenhöhe mit den Entdeckern der Gegenwart gestellt, wodurch der militärische Charakter seines Eroberungszugs in den Hintergrund gerückt wurde. Ebenso verlagerte sich vor dem Hintergrund des Imperativs des französischen Kolonialismus mit seiner postulierten *mission civilisatrice* im 18. Jahrhundert der Schwerpunkt in den Alexanderdarstellungen auf seine Funktion als Kulturbringer. Beide Interpretationsweisen Alexanders, entweder als Entdecker oder Verbreiter „westlicher" Zivilisation, finden in der rezenten Forschung zum Hellenismus nach wie vor Zuspruch.

Die im 17. und 18. Jahrhundert geschaffenen Narrative hallten in der Folgezeit nach. Der berühmte deutsche Gelehrte Johann Gustav Droysen avancierte mit seinen Publikationen zu Alexander und dessen Nachwelt zu einem der bedeutendsten Historiker seiner Zeit, dessen Ruhm bis heute nicht verblasst ist. Droysen prägte mit seinem zweibändigen, unvollendet gebliebenen Werk *Geschichte des Hellenismus* nicht nur den Epochenbegriff, sondern auch die Wahrnehmung dieses Zeitalters bis in die Gegenwart. Während seine Vorgänger in der Klassik die Blütezeit des Griechentums erkennen wollten und den Hellenismus als Zeit der Verfallserscheinung des klassischen Ideals betrachteten, veränderte er das Narrativ grundlegend. Seines Erachtens hatte Alexander einen Prozess angestoßen, der die Vermischung der Kulturen des Westens und des Ostens in Gang setzte, womit letztendlich auch der Nährboden für die Entstehung des Christentums bereitet war. Droysens zielgerichtete Interpretation des Hellenismus als Kulturepoche war stark von der Idee des Nationalstaats und einer der christlichen Weltsicht entsprechenden, auf die Zielrichtung historischer Prozesse orientierten Geschichtsschreibung geprägt. Davon beeinflusst, befeuerte er die Idee des Griechentums als Weltkultur, die sich vom Mittelmeerraum bis zum Fernen Osten ausbreitete.

Nachfolgende Generationen an Gelehrten modifizierten zwar Droysens Ansichten, ohne sie jedoch in ihren Grundaussagen zu verändern. Erst in den letz-

Die Schlacht von Gaugamela. Gemälde (1602) von Jan Brueghel dem Älteren.

ten Jahrzehnten begannen Historikerinnen und Historiker, den Hellenismus von anderen Blickwinkeln aus zu betrachten. Grundlegend hierfür sind sowohl die Entdeckung als auch Entzifferung vorderasiatischer Texte, wodurch die indigenen Bewohner Asiens eine Stimme erhielten. Zuvor wurde die Geschichte des Hellenismus ausschließlich auf Basis griechischer und lateinischer Texte geschrieben. So wird die Epoche mittlerweile nicht mehr unter den Gesichtspunkten des Exports griechischer Kultur betrachtet, sondern die Interessens-

Alexander, der erste hellenistische Herrscher

Unbestritten ist, dass bereits Alexanders Vater, Philipp II., das makedonische Königtum in die Bahnen lenkte, auf denen später die Herrschaft seines Sohnes verlief. Nach der entscheidenden Schlacht bei Chaironeia, in der Philipp 338 v. Chr. seine Hegemonie über Griechenland begründete, herrschte er über ein vielschichtiges Imperium. Alle Imperien des Altertums weisen eine diverse politische Landschaft als gemeinsames Wesensmerkmal auf, die aus unterschiedlichen Herrschaftssphären besteht. Sie sind daher das Gegenteil von Nationalstaaten, wie Philipps Königtum in Makedonien und seine Rolle als gewählter Hegemon der Griechen im Korinthischen Bund als Machtinstrumente verdeutlichen.

Alexanders Imperium war ähnlich wie jenes Philipps organisiert, aber aufgrund seiner gewaltigen räumlichen Ausdehnung wesentlich komplexer als das seines Vaters. Seine Dialoge mit lokalen Eliten und der dadurch angestoßene Aushandlungsprozess von Macht resultierten in der Schaffung eines komplexen Staatsgebildes, das selbst zum Zeitpunkt seines Todes im Jahr 323 v. Chr. keine endgültige Form erhalten hatte. Der Grund, warum Alexander den Dialog mit lokalen Eliten suchte, war die ungeminderte Stärke und Widerstandskraft des Achämenidenreichs. Wie der erbitterte Widerstand persischer Eliten während des gesamten Eroberungszugs zeigt, war das achämenidische Imperium nicht mit der militärischen Stärke seiner Armee allein in die Knie zu zwingen. Neben den Siegen in großen und berühmten Schlachten, die Alexander zweifelsfrei in die Position brachten, den Herrschaftsanspruch des achämenidischen Großkönigs Dareios III. infrage zu stellen, basierte sein Erfolg maßgeblich auf der Kooperationsbereitschaft imperialer Eliten. Hierfür spielte ihm der Transformationsprozess in die Hände, in dem sich das Weltreich der Perser befand. Dieser Prozess wurde von den höchsten Kreisen der Eliten des Imperiums angestoßen.

Die wichtigsten Posten und Ämter ihres Imperiums besetzten die Großkönige aus der Dynastie der Achämeniden mit ihnen loyal gesinnten Persern. Obwohl die höchste Ebene der imperialen Ämter fast ausschließlich mit Persern besetzt war, führte diese Tatsache nicht dazu, dass die jeweiligen Untertanen ihre indigene Kultur aufgeben mussten. Indigene Eliten waren eng in die Verwaltung eingebunden, wodurch bereits in achämenidischer Zeit ein Dialog zwischen imperialen und indigenen Kulturen ge-

schwerpunkte der Forschung verlagerten sich auf die Dialoge zwischen Ost und West. Diese Verlagerung hat einen großen Einfluss auf das Bild Alexanders in seiner Rolle als Begründer des Hellenismus im modernen Geschichtsbewusstsein.

führt wurde, der bezeichnend für die darauffolgende Epoche des Hellenismus ist. Hinsichtlich der imperialen Eliten lässt sich ab dem 5. Jahrhundert v. Chr., also etwas mehr als hundert Jahre nach der Entstehung des Perserreichs, eine eindeutige Tendenz erkennen, wesentlich unabhängiger vom Großkönig zu handeln als zuvor. Zum Beispiel versuchte der Satrap, wie der oberste Verwaltungsbeamte in den Verwaltungsbezirken des Imperiums bezeichnet wird, von Karien im Westen Kleinasiens, eine Heiratsallianz mit Philipp II. einzugehen. Der Versuch fand in einem Zeitraum statt, in dem die Zentralmacht in ihrer Durchsetzungskraft schwach war, da im Zuge von Palastrevolten mehrere Großkönige in nur kurzer Zeit auf den Thron kamen. Als Dareios III. die Zentralmacht wiederherstellen konnte, musste der Satrap Kariens seinen Versuch aufgeben. Ein weiterer Effekt des Transformationsprozesses, den das Imperium unterlief, war die Bildung großer Söldnerheere in den Grenzregionen des Imperiums. Diese Heere boten besonders im Westen des Reichs aufstrebenden Satrapen die Möglichkeit, den Großkönig herauszufordern. Alle Versuche der Satrapen, den Großkönig zu stürzen oder sich von ihm unabhängig zu machen, scheiterten.

Aufgrund des Transformationsprozesses sah sich Alexander dank seiner Militärerfolge in einer Position, sich sowohl für die imperialen als auch für die lokalen Eliten als attraktive Alternative zu Dareios III. anzubieten. Schon in den ersten Monaten seines Feldzugs gewann er hochrangige Perser wie den Festungskommandanten von Sardes für sich, deren Kooperation und Loyalität er belohnte. Bereits zu diesem Zeitpunkt entwickelte er eine Strategie, die in den Folgejahren zum leitenden Prinzip seines Eroberungszugs werden sollte. Entweder beließ Alexander kooperationswillige Satrapen im Amt, oder er bestätigte die Position lokaler Eliten, die sich ihm unterwarfen. In manchen Fällen ersetzte Alexander persische Satrapen durch andere Perser, die seiner neuen Herrschaft wohlwollend gegenüberstanden.

Zwar mag man generelle Prinzipien in seinem Umgang mit den Eliten des Achämenidenreichs erkennen, doch entwickelte der Makedone seine Politik in mehreren Phasen und war nicht abgeneigt, situative Anpassungen vorzunehmen. Während er in Kleinasien zunächst Makedonen als Satrapen einsetzte, begann er nach der Schlacht von Gaugamela im Jahr 331 v. Chr. zunächst noch recht zögerlich, Perser in ihren hohen Positionen zu bestätigen oder einzusetzen. Entgegen dem Anschein war Alexanders Vertrauen in die ranghohen Perser nicht unerschütterlich. Dies illustriert die Tatsache, dass er überall in den eroberten Gebieten Garnisonen unter makedonischer Führung installierte. So waren es immer noch die Makedonen und Griechen, die das Heft des Handelns in den Händen hielten. Jedenfalls markierte die Schlacht von Gaugamela in vielerlei Hinsicht eine Zäsur in Alexanders Politik und kann daher als Anfangspunkt für die Epoche des Hellenismus betrachtet werden. Schließlich intensivierte Alexander nach seinem Sieg in dieser Schlacht den Dialog mit den Eliten des Imperiums, wodurch ein Prozess in Gang gesetzt wurde, der in der Herausbildung der schillernden Konturen der Epoche des Hellenismus resultierte.

Alexander und die Perser – „Verschmelzungspolitik" und Machtkalkül

Nachdem die Schlacht bei Gaugamela ausgefochten war, floh Dareios vor Alexander in das iranische Hochland, wo er schließlich einer Intrige zum Opfer fiel. Im Zuge der Verfolgungsjagd und der darauffolgenden Erweiterung des Feldzugs nach Osten sah sich Alexander mit neuen Problemen konfrontiert. Das schwierige Gelände, das wechselnde Klima und die kleinfragmentierte politische Landschaft erlaubten es ihm nicht, den Widerstand der Satrapen des Ostens in einer großen Schlacht zu brechen. Um diesen Widerstand zu überwinden, diente ihm der Dialog mit den Eliten als wirkungsvolles Instrument. Wiederum lassen sich mehrere Phasen in der Umsetzung seiner Eroberungsstrategie feststellen, die letzten Endes die Entwicklungsbahnen der hellenistischen Monarchie vorgeben.

Führte der wohl inszenierte und in seiner Intensität durch die Überlieferung vermutlich überhöhte Brand des imperialen Palasts von Persepolis den Persern wirkungsmächtig vor Augen, dass die Herrschaft der Achämeniden beendet war, folgte die darauffolgende Politik Alexanders anderen Prinzipien. Mit Fortschreiten seiner Eroberung in Richtung Osten nahm Alexanders Positionierung neue Formen an. Er war sich bewusst, dass er sich vor einem diversen Publikum, das aus Makedonen, Griechen und Asiaten bestand, als legitimer Herrscher zur Schau stellen musste. Deshalb versuchte er, sich den jeweiligen Adressatenkreisen entsprechend ihren Vorstellungen rechtmäßiger Herrschaft zu repräsentieren. So adaptierte er Elemente des achämenidischen Hofzeremoniells, um den persischen Eliten in einer Weise entgegenzutreten, die für sie akzeptabel war. Ziel seiner Auseinandersetzung mit dem achämenidischen Konzept monarchischer Herrschaft war es, seine militärische Oberherrschaft in gesicherte und akzeptierte Herrschaft umzuwandeln; in anderen Worten: Er wollte Herrschaftsvergewisserung herstellen. Zu diesem Zweck zeigte er sich zu bestimmten Anlässen im Ornat der persischen Großkönige und übernahm ihre Hofämter.

In der Überlieferung markiert Alexanders neue Repräsentationsform eine jähe Zäsur seines Herrschaftsverständnisses: Er habe sich zu einem orientalischen Herrscher entwickelt. Seine Verwandlung ging mit allen Vorurteilen einher, welche die Griechen und Makedonen gegenüber den Achämeniden hegten, zu denen etwa Prunksucht, Distanz zu den Untertanen und Gewaltexzesse zählen. Im Kreis seiner Makedonen, die seit seinem Herrschaftsantritt die Basis seiner Macht darstellten, regte sich Widerstand gegen Alexander. Die immer stärker werdende Oppo-

sition, die sich gegen ihn formierte, ließ er teilweise brutal unterdrücken. Die Überlieferung zu Alexander bildet seine Positionierungsstrategien als schwerwiegende Wandlung seiner Persönlichkeit ab. Ordnet man jedoch die Äußerungen der antiken Autoren in den historischen Zusammenhang von Alexanders Eroberungsstrategie ein, so scheinen diese weniger die Basis für psychologische Untersuchungen zu sein, sondern Meinungsbilder über seine Herrschaft.

Gänzlich neu war Alexanders Auseinandersetzung mit indigenen Formen legitimer Herrschaft nicht. Bereits während seines Aufenthalts in Ägypten ließ er sich von der lokalen Priesterschaft als Sohn des Gottes Amon verehren, womit der ägyptische Gott Amun-Re gemeint ist. Die proklamierte Abstammung von diesem Gott war ein entscheidender Faktor in der Legitimierung der Pharaonen, in deren Fußstapfen der Makedone in Ägypten trat. Dies

stelle keine Innovation dar. Vor Alexander legitimierten sich die Achämeniden in den jeweiligen Teilen ihres Imperiums gemäß lokalen Vorstellungen, um so die Bevölkerung für sich zu gewinnen.

Immer noch rätseln Historikerinnen und Historiker darüber, wie die Gewichte in Alexanders Herrschaftsverständnis zwischen Ost und West verteilt waren. Während manche Spezialisten ihn als einen Eroberkönig betrachten, der sich ausschließlich makedonischen Traditionen verpflichtet fühlte, sehen andere in ihm aufgrund seiner Auseinandersetzung mit der persischen Monarchie den „letzten Achämeniden". Markante Ereignisse seiner Herrschaft wie beispielsweise seine Hochzeit mit Roxane, der Tochter des Satrapen von Baktrien, oder die sogenannte Massenhochzeit von Susa wurden als Indizien gewertet, dass Alexander die Welten des Okzidents mit jenen des Orients vereinen wollte. Besonders die Massenhochzeit, bei der Alexander eine Vielzahl seiner Makedonen und Griechen Frauen aus Asien heiraten ließ,

ebenso wie die Aufnahme von Persern in die Reihen seiner Armee boten Gelehrten Anlass, sein politisches Handeln als „Verschmelzungspolitik" zu bezeichnen. Darin sah man die Grundlage für die spätere kulturelle Hybridität der hellenistischen Welt. In ihrer Gültigkeit kann diese Deutung von Alexanders politischen Zielen in mehrfacher Hinsicht hinterfragt werden. Blickt man durch die Brille des Nationalstaats, so lässt sich Alexanders Politik durchaus in einer solchen Weise deuten. Zieht man aber die Umstände in Betracht, unter denen der Eroberer seine Entscheidungen fällte, so kommt man zu einer anderen Schlussfolgerung.

Bereits vor der Reformierung seines Heeres machten Asiaten einen erheblichen Teil der Armee Alexanders aus, wodurch die Machtposition der Makedonen zunehmend ins Wanken geriet. Mittels Heiratsverbindungen von Makedonen mit Asiatinnen ließen sich die starren und exklusiven Strukturen des persischen Elitenkreises erodieren, ohne dass den Unterworfenen ein grundlegend neues

Konzept von Herrschaft aufgedrückt wurde. Ebenso war die Reform des Heeres von dem Prinzip geleitet, dass Makedonen die höchsten Positionen bekleideten, während Asiaten nur selten der Aufstieg in der Hierarchie glückte.

Die Intentionen Alexanders hinter seiner angeblichen Verschmelzungspolitik kamen mit aller Deutlichkeit nach seinem Ableben zum Vorschein. Der Interimsregent seines Imperiums, Perdikkas, reformierte es in einer Weise, dass nun ein Großteil der Perser in den Satrapenämtern durch Makedonen ersetzt wurde. In ihren Grundsätzen basierte Perdikkas' Besetzungspolitik auf den Anordnungen, die Alexander in den letzten Monaten seines Lebens gegeben hatte. Vermehrt hatte er in der Endphase seiner Herrschaft die Tendenz gezeigt, Makedonen anstelle von Persern in den Satrapenämtern einzusetzen. So spricht vieles dafür, dass Alexander keine Verschmelzung von Ost und West beabsichtigte. Vielmehr wollte er die vorherrschenden Sozialstrukturen des Achämenidenreichs zerklüften, indem er die persische Elite in einem mehrphasigen Prozess mit Makedonen und Griechen austauschte. Jene wurden zu

den entscheidenden Akteuren in den Ereignissen, die Alexanders frühzeitigem Ableben folgten. Sie teilten sich das Imperium untereinander auf und installierten ihre Herrschaft in den Fragmenten des ehemaligen Weltreichs.

Generell zeigt sich bei genauerer Betrachtung von Alexanders Repräsentation, dass er keine Neukonzeption der makedonischen Monarchie beabsichtigte, sondern seine Politik stets in ihren Grundfesten verankert war. Was er aber schuf, war eine hybride Repräsentationsform, um die unterschiedlichen Untertanen seines Imperiums in einer Weise anzusprechen, dass sie seine Herrschaft akzeptierten. In grundlegenden Zügen erkennen wir in Alexanders Positionierung das Herrschaftsverständnis der ihm nachfolgenden Diadochen, welche die makedonische Form der Monarchie an die jeweiligen lokalen Vorstellungen ihrer Herrschaftsbereiche anpassten. So positionierte sich Ptolemaios in Ägypten gegenüber der pharaonischen und Seleukos in Mesopotamien und

Der Leutturm von Pharos am Hafen von Alexandria, eines der sieben Weltwunder der Antike. Errichtet unter Ptolemaios I. Soter, einem der Freunde und Generäle Alexanders und Begründer des ptolemäischen Diadochenreichs in Ägypten.

Iran gegenüber babylonischer und iranischer Tradition, indem sie Elemente daraus aufgriffen und mit dem makedonischen Königtum vermischten.

Städtegründungen als Motor der Hellenisierung

Neben der Besetzung der höchsten Ämter im Imperium mit Griechen und Makedonen waren die Städtegründungen Alexanders der Motor, der die Transformation Eurasiens in die Welt des Hellenismus in Gang brachte. Es werden ihm zwischen zwanzig und siebzig Stadtgründungen zugeschrieben, wobei in den meisten Fällen unklar ist, welche Größe und welchen Zweck diese Siedlungen hatten. Auch wissen wir in vielen Fällen nicht, ob einige der Neugründungen der Ausbau bereits bestehender Siedlungen zu städtischen Anlagen unter neuem Namen waren. Das berühmteste Beispiel für seine Stadtgründungen ist Alexandria in Ägypten. Aber er gründete es nicht mit der Intention, dass es einmal die Hauptstadt des Nillandes werde. Stattdessen dürfte er wohl eine kleinere Hafenstadt nach dem Vorbild einer griechischen Stadt gegründet haben, wo sich bereits eine Siedlung befand, die sich für ihn an einem strategisch günstig gelegenen Ort befand. Erst sein enger Vertrauter, Freund und Leibwächter Ptolemaios ließ nach der Konsolidierung seiner Macht in Ägypten das kleine Alexandria zur prunkvollen Metropole Ägyptens ausbauen.

Aufgrund der räumlichen Verbreitung der Stadtanlagen sprachen manche Historikerinnen und Historiker vom dritten Kolonisationszeitalter der Griechen, da makedonische Soldaten und griechische Söldner darin angesiedelt wurden. Es wird zudem vermutet, dass der Zuzug in diese Städte hauptsächlich aus Griechenland erfolgte, weshalb das griechische Kulturelement darin als dominierend gewertet wird. Vorwiegend dienten die von Alexander gegründeten Städte wirtschaftlichen und militärischen Zwecken, um das eroberte Gebiet zu sichern. Von Kolonisierung im Sinne der Politik europäischer Großmächte der Neuzeit kann daher nicht die Rede sein. Jedenfalls ist zu erkennen, dass sich der griechische Stadttyp in Asien bis nach Indien verbreitete. Ihre Anlage folgte den Prinzipien des hippodamischen Städtebaus, der in klassischer Zeit entworfen wurde. Städte, die nach diesem Prinzip errichtet wurden, weisen einen rechteckigen Grundriss auf, und ihr Erscheinungsbild wird von der Aufteilung des urbanen Raums in einen öffentlichen und einen privaten Bereich dominiert. Im Herzen dieser Städte befand

sich die Agora, die das Zentrum des öffentlichen Lebens darstellte. Neben Säulenhallen, Ratshäusern und Theatern sind Gymnasien typische Elemente des Stadtbildes. Besonders die Gymnasien markierten das Zentrum des intellektuellen Lebens der Städte, die zunächst Orte der körperlichen Ertüchtigung und später Bildungszentren waren. Bildung galt als wesentlicher Marker griechischer Identität, wodurch Gymnasien als Hinweis für die Verbreitung griechischer Geisteskultur wie etwa Literatur und Philosophie in Asien gelten. In bemerkenswerter Weise illustrieren die Funde von Gefäßen, die Zitate aus den homerischen Epen zieren, den Umstand, dass die griechische Lebensweise bis in den Fernen Osten ex-

portiert wurde. Neben den öffentlichen Bauten in den Städten zeugen auch Dekrete von der Übernahme des als typisch geltenden griechischen politischen Systems der Polis. Alexanders Nachfolger folgten seiner Politik und gründeten ebenso eine Vielzahl an Städten, wodurch der von ihm initiierte Prozess an Dynamik gewann.

Die Globalisierung Eurasiens und die Öffnung der Welt

Die Effekte, die die Umwälzungen von Alexanders Eroberung des achämenidischen Imperiums mit sich brachten, weisen neben einer strukturellen auch eine sozioökonomische Dimension auf. Ein Stichwort, das im Zusammenhang mit Alexanders Feldzug und dem Hellenismus häufig fällt, ist die Öffnung der Welt beziehungsweise die ersten Globalisierungsphänomene. Nimmt man eine griechische Perspektive ein, so kann man dem makedonischen Eroberer durchaus die Erweiterung des geografischen Horizonts der Griechen und Makedonen attestieren. Ebenso scheint er sie in eine Position gebracht zu haben, die es ihnen erlaubte, als globale Akteure in Erscheinung zu treten. Wie Funde von Münzen griechischen Typs in den östlichen Teilen

Raffaels Fresko „Die Schule von Athen" im Vatikan; im Zentrum links Platon und rechts Aristoteles, der auf das Weltbild Alexanders (und damit auf den Hellenismus) einen wichtigen Einfluss hatte.

des ehemaligen Achämenidenreichs bezeugen, intensivierten Alexander und seine Nachfolger die bestehende ökonomische Vernetzung Eurasiens.

Eine solche Bewertung der Folgen von Alexanders Eroberung basiert auf den Werken griechischer Autoren, die dazu herangezogen werden, um den geografischen Kenntnisstand und die Dimension ihres wirtschaftlichen Handelns zu bemessen. Aber aufgrund sowohl ihrer Perspektive als auch des beschränkten Fokus ihrer Narrative eignen sich ihre Texte nicht, um die Welterfahrung der Griechen und Makedonen zu bewerten. Ohne Zweifel intensivierte sich der Austausch der Bewohner des ägäischen Raumes mit jenen Asiens durch Alexanders Eroberung, doch Kontaktbeziehungen über ferne Distanzen bestanden bereits zuvor.

Der imperiale Raum, den die Achämeniden schufen, war eine wesentliche Voraussetzung für die Phänomene des Hellenismus, die wir mit dem Schlagwort Globalisierung in Verbindung bringen. Die Entstehung des Achämenidenreichs und die damit einhergehende Vernetzung des Großraums Eurasiens durch Infrastrukturprojekte wie Straßenanlagen und Botensysteme ließ die Griechen und Makedonen bereits zwei Jahrhunderte vor Alexander Teil einer proto-globalisierten Welt werden. Ohne die Existenz der ausgedehnten Infrastruktur des Achämenidenreichs wäre die logistische Organisation seines Eroberungszugs wohl nicht durchführbar gewesen. Außerdem erlaubte das Infrastrukturnetz des Imperiums den Griechen bereits lange vor der Zeit Alexanders, bis tief nach Asien vorzudringen. Verwaltungsdokumente aus Babylonien und Persepolis bezeugen die Anwesenheit von Personen mit griechischem Namen in Asien und ihren Zugang zu weitreichenden Handelsnetzwerken. Darüber hinaus wissen wir, dass der erste Großkönig aus der Dynastie der Achämeniden, Dareios I., im 6. Jahrhundert v. Chr. den Griechen Skylax mit einer Fahrt entlang der Küste des Persischen Golfs beauftragt hatte. Demnach mag man Alexander und den ihm nachfolgenden hellenistischen Königen wohl kaum die Rolle von Entdeckern und Erschließern ferner Welten attestieren dürfen.

Julian Degen lehrt Alte Geschichte an der Leopold-Franzens Universität Innsbruck.

Der Tod in Babylon
und das Rätsel um das Alexandergrab

Moritz Penshorn

Am Abend des 10. Juni 323 v. Chr. schied Alexander der Große nach kurzer, heftiger Krankheit aus dem Leben. Er war nicht ganz 33 Jahre alt und hatte zwölf Jahre und acht Monate regiert. Wie war es dazu gekommen? War die Trunksucht sein Verderben? War es eine Krankheit? Oder gar Gift? Nur Tage zuvor hatte der König noch Befehle für einen neuen Feldzug erteilt. Aber selbst als Leiche war Alexander noch ein politischer Faktor – seine letzte Ruhestätte bleibt bis heute verschollen.

Brüchige Verhältnisse im Reich

Nach Abschluss des Indienfeldzugs, der Alexanders Streitmacht bis an dessen Belastungsgrenze geführt hatte, trat das Heer 325 v. Chr. den Rückmarsch Richtung Westen an. Nach dem desaströsen Marsch von der Indusmündung durch die gedrosische Wüste im heutigen Südiran, der ungefähr der Hälfte der Soldaten das Leben gekostet hatte, fand Alexander sein Reich in einem alles andere als rosigen Zustand vor: Manche Satrapen hatten sich in den vergangenen Jahren allzu sehr verselbständigt und die eigenen Kassen gefüllt. Sie erwartete ein blutiges Strafgericht: Aspastes, Satrap von Karmanien (Südiran),

wurde der Verschwörung verdächtigt und hingerichtet, in Ekbatana wurden 600 Soldaten niedergemacht, welche die lokale Bevölkerung terrorisiert hatten, und auch in Susa fand der örtliche Satrap den Tod. Dessen Sohn wurde von Alexander eigenhändig mit einer Lanze durchbohrt. Schatzmeister Harpalos, der während Alexanders Abwesenheit einen luxuriösen Lebensstil auf Kosten der königlichen Kasse geführt hatte, konnte seiner Strafe nur durch Flucht nach Athen entgehen. Alexanders Vorgehen war brutal, aber vielleicht auch nachvollziehbar: Zum einen hatten die

Bestraften die königliche Autorität untergraben. Zum anderen war Alexanders Prestige durch Ereignisse wie den verlustreichen Marsch durch die gedrosische Wüste beschädigt, was durch die Strafaktionen wieder aufgebessert werden sollte.

Verschmelzungspolitik und Rückschläge

Im Jahr 324 v. Chr., dem Jahr vor seinem Tod, sind es vor allem drei Ereignisse, die hervorstechen: Die Massenhochzeit von Susa, die Meuterei von Opis und der Tod von Hephaistion.

Im Frühjahr fand in Susa ein fünftägiges, prunkvolles Fest statt. Kernstück war die Verheiratung von ca. achtzig führenden Gefolgsleuten Alexanders mit Frauen aus der persischen Aristokratie. Alexander selbst nahm Stateira, Tochter Dareios' III., und Parysastis, Tochter von Dareios' Vorgänger Artaxerxes III., zur Frau. Die Hochzeiten setzten sich auf Ebene der Soldaten fort, deren Beziehungen mit einheimischen Frauen nun offiziellen Charakter erhielten. 10 000 Ehen sollen so geschlossen worden sein. Ziel Alexanders war die Verschmelzung der makedonischen und der persischen Führungsschicht zu einer neuen, auf ihn ausgerichteten Reichselite. Die herrschende Gesellschaft im neuen Alexanderreich richtete sich weniger nach Adel als nach dem persönlichen Verhältnis zum König.

Von Susa aus zog Alexander weiter in Richtung Mesopotamien. In der Stadt Opis am Tigris verkündete er dem Heer die Entlassung der Invaliden und langgedienten Soldaten, die, reich beschenkt, zurück in die Heimat gehen sollten. Doch statt Dankbarkeit zu zeigen, meuterten die Truppen! Durch die Rücksendung in ihre Heimat fühlten sich die Makedonen herabgesetzt und beklagten die fehlende Wertschätzung. Waren sie nicht mit ihrem König durch dick und dünn gegangen? Dazu kam der Unmut über die fortschreitende Aneignung persischer Elemente: Die Eingliederung von Persern – in makedonischen Gewändern – in das Heer stieß ihnen ebenso übel auf wie Alexanders Übernahme persischer Sitten. Vor diesem Hintergrund erschien einigen die Entlassung in die Heimat als ein Manöver, die Makedonen durch Perser auszutauschen. Nachzugeben kam Alexander aber nicht in den Sinn. Er ließ sofort dreizehn Drahtzieher exekutieren und beharrte auf seiner Position: Demonstrativ beförderte er mehrere Perser in hohe Positionen und vergab an deren Einheiten makedonischen Bezeichnungen. Das Kalkül ging auf: Der Widerstand brach zusammen, und die Meuterer baten reumütig um Gnade. Als Zeichen seines Großmuts überhäufte Alexander nun die Makedonen mit Ehren, ernannte sie alle zu seinen Verwandten und veranstaltete ein opulentes Bankett, bei dem die Verhältnisse wieder ganz nach Vorstellung der Makedonen waren: In der Mitte saß Alexander, darum die Makedonen und erst dann kamen die Perser.

Nachdem Alexander die Meuterei von Opis bewältigt hatte, traf ihn der nächste schwere Schlag: Im Herbst ereilte den König die Nachricht, dass Hephaistion im Sterben liege. Sofort eilte Alexander in dessen Zelt, doch da war sein engster Freund, der – je nach Quelle – auch sein Liebhaber war, bereits tot. Alexanders Trauer kannte keine Grenze. Drei Tage rührte er keine Speise an und wachte in tiefster Trauer an Hephaistions Leiche. Einigen Quellen zufolge wandelte sich die Trauer des Königs dann aber in Wut, und er habe den Arzt seines Freundes für sein angebliches Versagen hinrichten lassen. Alexanders egomane und grausame Charakterzüge brachen auch dann hervor, als er nach Hephaistions Tod einen Feldzug gegen die Kossäer unternahm, um, wie Curtius Rufus schreibt, seinen „Geist einigermaßen von der Trauer abzuziehen". Hephaistions Leiche wurde nach Babylon überführt, wohin sich auch Alexander bald begab.

Einzug in Babylon und böse Omen

Im Frühjahr 323 v. Chr. näherte sich Alexanders Marsch seinem Endpunkt: Das Heer erblickte die mächtigen Ziegelmauern Babylons am Euphrat und die hochaufragengende Zikkurat. Doch bevor Alexander in die Stadt einzog, meldeten die chaldäischen Sterndeuter Bedenken an: Der Einzug würde großes Unheil über Alexander bringen, gar seinen Tod bedeuten. Erst der Philosoph Anaxarchos konnte Alexander überzeugen, in Babylon einzuziehen.

Die Prophezeiung der Chaldäer war nicht das einzige böse Omen in Alexanders letzten Monaten. So soll der indische Philosoph Kalanos wenige Monate zuvor vor seiner Selbstverbrennung auf dem Scheiterhaufen über Alexander gesagt haben: „Ihn selbst werde ich bald in Babylon wiedersehen." Weitere Omina kündeten von Alexanders Verlust der Herrschaft: Bei einem Bootsausflug riss der Wind Alexanders Diadem, das Zeichen der Königsherrschaft, von seinem Kopf. Ein Matrose sprang hinterher und setzte sich das Stirnband auf den eigenen Kopf, damit es nicht nass würde.

Alexander der Große nimmt sterbend Abschied von seinem Heere. Gemälde von Karl von Piloty (1885/86).

In Babylon empfing Alexander zahlreiche Gesandtschaften aus seinem Reich und darüber hinaus: Karthager, Libyer und Äthiopier aus Afrika, Bruttier, Lukaner und Etrusker aus Italien, Griechen, Thraker und Illyrer, selbst Skythen, Kelten und Iberer sollen Gesandte zu Alexander geschickt haben, um ihm als Sieger zu huldigen, ihm prunkvolle Geschenke anzudienen oder mit ihm Bündnisse zu schließen. Und so ist es nicht verwunderlich, dass zu dieser Zeit „Alexander sich selber und seiner Umgebung wie der Herr über alles Land und Meer vorkam", wie Arrian schreibt. Angeblich traf auch eine römische Gesandtschaft in Babylon ein, der Alexander die zukünftige Größe ihres Volkes prophezeite. Diese Geschichte ist allerdings etwas zu schön, um wahr zu sein, was bereits in der Antike erkannt wurde.

Alexander voller Tatendrang

Auch sonst war Alexander nicht untätig: Zum einen widmete er sich lokalen Problemen wie der Instandsetzung und Verbesserung des für Mesopotamien lebenswichtigen Bewässerungssystems. Zum anderen verwandte er viel Energie auf die Pflege des Andenkens des Hephaistion. Für ihn wurde ein riesiger, aufs prächtigste geschmückte Scheiterhaufen errichtet, der ca. 180 Meter im Quadrat und 60 Meter in der Höhe gemessen haben soll. Neben der Verdeutlichung des engen Verhältnisses der beiden war die Totenfeier ein Akt der königlichen Selbstrepräsentation; die enormen Aufwendungen

für das temporäre Bauwerk sollten von Alexanders unermesslichen Reichtum zeugen. Zudem konnte sich Alexander durch die (per Orakelspruch genehmigte) Verehrung Hephaistions als Heros selbst erhöhen: Wenn sein Untergebener ein Heros war, musste er selbst ein Gott sein.

Zum anderen schmiedete Alexander Pläne für einen erneuten Eroberungsfeldzug. Die Zypressen Babyloniens fielen den Äxten zum Opfer, um als Baumaterial für die Vergrößerung der Flotte zu dienen, die in einem neu angelegten Hafen in Babylon zusammengezogen wurde. Einige Schiffe wurden sogar, in Einzelteile zerlegt, über den Landweg vom Mittelmeer hergeschafft. Auch das Heer, das parallel zur Flotte die Küste entlang ziehen sollte, wurde massiv verstärkt. Ziel war Arabien, das mit seinen wohlhabenden, an Gewürzen reichen Küsten lockte. Zudem eignete es sich – jedenfalls gingen die Makedonen davon aus – zur Gründung vieler neuer Städte. Neben diesen praktisch-ökonomischen Gründen nennen die Quellen aber auch ganz persönliche Motive für den geplanten Feldzug: zum einen Alexanders unersättliches Verlangen, etwas Neues zu gewinnen, zum anderen seine Ambitionen, als Gott verehrt zu werden.

Der König stirbt

Am 29. Mai, mitten in den Vorbereitungen zum Arabienfeldzug, hatte Alexander in Babylon eine Feier für seinen Admiral Nearchos ausgerichtet. Statt sich im Anschluss zur Ruhe zu legen, konnte er dem Medios, einem seiner Gefährten, die Bitte nicht abschla-

Rekonstruktion des Leichenwagens Alexanders auf Basis der Beschreibung Diodors aus dem 19. Jahrhundert.

Der Tod in Babylon und das Rätsel um das Alexandergrab

gen, zum nächsten Gelage weiterzuziehen. Die Zecherei ging die ganze Nacht hindurch. Einige antike Schriftsteller berichten, dem König habe einen stechenden Schmerz, wie von einem Lanzenstoß, verspürt, als er gerade einen großen Krug Wein hinunterstürzte; andere Quellen hingegen berichten, dass der König in ein Fieber fiel. Wie auch immer, Alexander ist fortan bettlägerig, versucht aber dennoch, seine Pflichten zu erfüllen. Die nächsten Tage gibt er Befehle für den Arabienfeldzug, und auch die täglichen Opfergaben vernachlässigt der König nicht; er bringt sie von seiner Trage aus dar.

Doch dann verfällt Alexander vollends in ein schweres Fieber. Seine Generäle erkennt er noch, doch die Stimme versagt ihm. Unter den Soldaten kursieren Gerüchte, der König sei schon tot, die Leibwächter würden ihnen die Nachricht verheimlichen. Daraufhin erzwingen die wütenden Soldaten Einlass in das königliche Gemach, um ihren Heerführer noch ein letztes Mal zu sehen. In einer bewegenden Szene defilieren nun die Soldaten – aber nur die Makedonen – an Alexanders Bett vorbei: „Die Tränen, in die sie bei seinem Anblick ausbrachen, erweckten den Anschein, das Heer sehe schon nicht mehr den König, sondern seine Leiche."

Der König nickt noch einigen schwach zu oder hebt mit letzter Kraft die erschöpfte Hand, um Abschied von den Männern zu nehmen, die mit ihm an über zehn Jahre hinweg zehntausende Kilometer durch glühende Wüsten und über eisige Gebirgspässe fern ihrer makedonischen Heimat bis an den Rand der bekannten Welt marschiert waren. Sie hatten dabei die größten Strapazen erlitten, zahllose Kameraden verloren und Alexander mehrmals den Befehl verweigert – doch am Ende weinen sie um ihren König.

Alkohol, Fieber oder Mord?

Aber woran verstarb der König, gerade einmal 32 Jahre alt? Die zunächst naheliegende Erklärung ist Alexanders Alkoholkonsum: Das letzte Kapitel seines Lebens begann mit der durchzechten Nacht bei Medios, und auch andere Episoden aus seinem Leben sprechen für übermäßigen Alkoholkonsum: Auf dem Feldzug in Sogdien 328 v. Chr. durchbohrte er im Rausch Kleitos, einen der Kommandanten der Hetairenreiterei, mit einer Lanze. Geschichten wie diese sorgten schon in der Antike dafür, dass Alexander von Kritikern als Alkoholiker dargestellt wurde. Der Geschichtsschreiber Ephippos von Olynth, ein Zeitgenosse und ausgesprochener Alexander-Hasser, behauptet, Alexander habe einen riesigen Weinkrug geleert und sei daraufhin gestorben: Dionysos' Rache für Alexanders Zerstörung von dessen Heimatstadt Theben. Auch einige moderne Historiker sind dieser These gefolgt. Jedoch geht weder aus den Quellen hervor, dass sich Alexander tagtäglich bei Gelagen volllaufen ließ – angesichts der Organisation von Hephaistions Bestattung und der Feldzugvorbereitungen wohl auch unwahrscheinlich –, noch passen die Symptome zum Alkoholtod. Diesen beschreiben nur feindselige Autoren, die damit ein Ableben aufgrund der eigenen moralischen Verfehlung andichten konnten. Es handelt sich um Propaganda.

Plausibler ist eine Fiebererkrankung wie Malaria. Alle Quellen sprechen davon, dass Alexander von einem über den Krankheitszeitraum immer stärker werdenden Fieber befallen wurde. Der fortschreitende Bewusstseinsverlust vor seinem Tod passt zu den Symptomen der Malaria. Möglicherweise hatte sich Alexander bei seinen Ausflügen in das sumpfige Delta des Euphrats und Tigris mit der Krankheit infiziert. Eine andere mögliche Erkrankung wäre Typhus. Vielleicht hatte ihn die exzessive Zecherei in der Nacht vor seiner Krankheit geschwächt; ob Alexanders Kondition noch durch die Vielzahl erlittener Wunden geschwächt war, ist nicht belegt, aber anzunehmen.

Mit einem natürlichen Tod wollten sich aber einige Zeitgenossen nicht zufriedengeben – vielleicht, weil so ein Tod für den Gottkönig zu profan erschien, vielleicht, weil intrigante Figuren an Alexanders Hof Anlass zur Spekulation gaben. Jedenfalls kursierten schon kurz nach seinem Tod Mordgerüchte in Griechenland. Die Erzählungen weichen im Detail ab, doch sind die Grundzüge gleich: Antipatros, Alexanders Statthalter in Europa, habe ein Gift mischen lassen, dass entweder sein Sohn Kassandros oder der Mundschenk Iolaos Alexander übergab, der daran starb. Einige verdächtigten den Philosophen Aristoteles als Giftmischer!

Ptolemaios I. war zunächst Satrap von Ägypten, ab 306 v. Chr. König. Büste aus dem 3. Jahrhundert v. Chr.

Die Mordtheorie fand bereits in der Antike breite Ablehnung: Die wichtigen Alexander-Historiker verwerfen sie oder fügen sie nur als eine weitere kursierende Erzählung an. Auch die lange Zeitspanne zwischen Alexanders Erkrankung und seinem Tod wird als Argument gegen eine Vergiftung angeführt. In der Zeit der Diadochenkämpfe machten sich aber einzelne die Verschwörungstheorie zu eigen, um gegen politische Gegner vorzugehen: Alexanders Mutter Olympia ließ 317 v. Chr.. den Nikanor, einen Sohn des Antipatros, umbringen und das Grab des inzwischen verstorbenen Iolaos schänden, um, wie sie gesagt haben soll, ihren Sohn zu rächen.

Endgültig wird sich Alexanders Todesursache nicht mehr klären lassen – die Spekulationen gehen indes weiter, und beinahe jährlich bringen Mediziner und Toxikologen neue mehr oder weniger weithergeholte Erklärungsansätze vor.

Alexander in Britannien?

„Was wäre, wenn?" Diese Frage stellte man sich schon in der Antike. Vermeintliche Antwort auf die Frage bieten die von mehreren antiken Historikern erwähnten *hypomnemata* („Notizbücher") Alexander des Großen. Perdikkas, der nach Alexanders Tod Reichsregent geworden war, da die beiden neuen Könige nicht regierungsfähig waren (Alexanders Bruder Philipp III. Arrhidaios war geistig behindert, sein Sohn Alexander IV. erst nach seinem Tod von Roxane geboren worden), soll sie gefunden und die Pläne des verstorbenen Königs der Heeresversammlung präsentiert haben: In Phönizien, Syrien, Kilikien und Zypern sollte eine Flotte von über tausend Schiffen ausgerüstet werden, um mit ihr die Karthager und alle anderen Völker zwischen Libyen und Iberien zu unterwerfen. Andere Ideen Alexanders, zum Beispiel die Errichtung eines Grabmonuments für seinen Vater, das den größten ägyptischen Pyramiden ebenbürtig sein sollte, oder die Ansiedlung asiatischer und europäischer Siedler auf dem jeweils anderen Kontinent und weitere transkulturelle Ehen, erschienen den versammelten Kriegern „*übermäßig und schwer umsetzbar*", wie Diodor berichtet, und sie entschieden, keinen der Pläne umzusetzen.

Die Authentizität der letzten Pläne wird teilweise angezweifelt, aber angesichts Alexanders bisheriger Politik erscheinen sie nicht weit hergeholt. Nach Beendigung des Arabienfeldzugs wäre es naheliegend gewesen, das Augenmerk auf den Westen zu richten; nichts an Alexanders bisherigem Handeln oder an seinem Charakter deutet darauf hin, dass er seine Ruhmessucht gezügelt hätte. Und so ist Arrian beizupflichten, wenn er schreibt: „Und ebenso bin ich überzeugt, dass er sich bei keinem der schon eroberten Länder beruhigt haben würde, auch nicht, wenn er die Britischen Inseln noch zu Europa hinzu unterworfen hätte, sondern dass er noch jenseits nach unbekannten Ländern getrachtet hätte, wenn auch mit keinem anderen Gegner, so doch mit sich selbst im Wettstreit." So war Alexanders junger Tod wohl eine glückliche Fügung, mit den bisherigen Eroberungen hatte er bereits ewigen Ruhm gewonnen. Bei längerem Leben hätte er vielleicht das Schicksal eines Hannibal oder Napoleon geteilt.

Alexanders Leichenzug und Entführung

Als nach zwei Jahren Heerscharen der besten Handwerker des Reiches alle Vorbereitungen abgeschlossen hatten und sich Alexanders Leichenzug endlich in Bewegung setzte, bot sich dem Publikum ein aufsehenerregendes Spektakel: Schon von ferne kündeten Glocken am Leichenwagen, der von 64 goldbekrönten und edelsteinbehängten Maultieren ausgesuchter Größe und Stärke gezogen wurde, von der Ankunft des langsam über holprige Straßen rumpelnden prächtigen Gefährts. Aus jeder Stadt zog die begeisterte Bevölkerung der Leiche des Königs entgegen und begleitete sie wieder heraus. Gemäß Diodor maß der Wagen zwölf Ellen mal acht Ellen und trug ein goldenes, edelsteinbesetztes Gewölbe, das von ionischen Säulen getragen wurde. Innerhalb des Wagens war der einbalsamierte Körper des Königs, mit wohlriechenden Kräutern gegen Verderb geschützt, in einem goldenen Sarg gebettet. Darüber lag eine purpurne Robe, auf der die Waffen des Königs platziert wurden.

Ziel des Zuges unter Arrhidaios (ein General, nicht der neue König) war die Oase von Siwa in Ägypten, wo Alexander 331 v. Chr. vom Orakel des Gottes Zeus-Ammon als Sohn des Gottes bestätigt worden war. Auf dem Totenbett soll Alexander den Wunsch geäußert haben, in Siwa begraben zu werden. Doch Perdikkas wollte den König offenbar lieber im makedonischen Aigai begraben sehen. Für Perdikkas bedeutete die Bestattung in Ägypten einen Rückschlag seiner Ambitionen,

Octavian am Grab Alexanders. Gemälde des französischen Historienmalers Lionel Royer (1878).

Kaiser Caracalla stellte sich demonstrativ in die Nachfolge Alexanders. Auf dem Avers der Münze Caracalla in heroischer Pose, auf dem Revers Alexander im Kampf mit einem Eber, Legende: Basileus Alexandros (König Alexander).

selbst König zu werden. Denn durch eine Bestattung am traditionellen Ort hätte er sich als legitimer Nachfolger der makedonischen Könige inszenieren und damit seine Thronambitionen untermauern können.

Doch weder in Siwa noch in Aigai sollte Alexander seine letzte Ruhestätte finden: Ptolemaios brachte den Leichnam unter seine Kontrolle, indem er dem Zug ein Heer entgegensandte und bei Damaskus abfing. Die Schilderungen der antiken Autoren unterscheiden sich in den Details; in einigen Versionen wird die Geschichte zum Agententhriller inklusive Täuschung durch eine Kopie des Leichnams. Doch steht fest, dass es auch Ptolemaios nicht darum ging, den letzten Wunsch des Königs zu erfüllen, sondern mit dem Besitz der Leiche und der Bestattung in seiner Satrapie seinen Herrschaftsanspruch zu untermauern.

Für Ptolemaios war die Leiche doppelt wichtig: Einerseits bedeutete ihr Besitz einen enormen Prestigegewinn gegenüber den Makedonen; ihre Strahlkraft sollte auf Ptolemaios abfärben, und sie sollte als Anziehungspunkt für die Soldaten dienen, die nach Jahren der Strapazen und Triumphe eine enge emotionale Beziehung zu ihrem König aufgebaut hatten. So konnte sich Ptolemaios einen Vorteil im Wettstreit um die Gunst der Veteranen verschaffen. Andererseits diente der Besitz von Alexanders Körper der Herrschaftslegitimierung gegenüber den einheimischen Ägyptern. Die ägyptische Elite akzeptierte Fremdherrscher, vorausgesetzt sie fügten sich den traditionellen Vorstellungen des Pharaonenamtes. Alexander hatte mit der Vertreibung der Perser aus Ägypten seine pharaonischen Qualitäten bewiesen. Ptolemaios wiederum konnte mit der Bestattung seines Vorgängers sich selbst als legitimen Nachfolger darstellen, denn dies gehörte zu den traditionellen

Pflichten des Pharaos. Alexander diente somit als Bezugspunkt, um die unterschiedlichen Herrschaftstraditionen von makedonischem Königtum und ägyptischem Pharaonentum zusammenzuführen. Bis Ptolemaios tatsächlich König und Pharao wurde, dauerte es aber noch bis zum Jahr 306/5 v. Chr..

Nach der Entführung des toten Königs entluden sich die Spannungen zwischen den Großen im Reich. Perdikkas marschierte gegen Ägypten, laut Arrian auch, um den gestohlenen Leichnam zurückzuerlangen. Doch die Invasion scheiterte, Perdikkas verlor das Vertrauen seiner Truppen und fand durch die Hände seiner eigenen Offiziere den Tod.

Alexanders Grabmal in Alexandria

Ptolemaios brachte Alexanders Überreste zunächst nach Memphis in Unterägypten, wo er das Zentrum seiner Herrschaft eingerichtet hatte. Aber hier endet Alexanders Reise noch nicht; das Grab des Königs wurde entweder noch von Ptolemaios I. oder seinem Nachfolger Ptolemaios II. (reg. 285 bis 246 v. Chr.) nach Alexandria verlegt. Ptolemaios IV. (reg. 221 bis 204 v. Chr.) erweiterte das Grab und machte es zur Familiengruft der Ptolemäer. Einhergehend mit dem Grab richteten die Ptolemäer einen Kult für den Gott Alexander ein, dessen Priester der höchstrangige in ihrem Reich war. Später wurden die verstorbenen Ptolemäerkönige und -königinnen ebenfalls vergöttlicht und dem Kult des Alexanderpriesters unterstellt. Während in den anderen Diadochenreichen die Bedeutung Alexanders mit der Zeit abnahm oder nur von bestimmten Herrschern hervorgehoben wurde, blieb Alexander somit bis zum Untergang der Ptolemäer einer der Grundpfeiler der Herrschaftslegitimierung.

Die Quellen für das Aussehen des Grabes sind spärlich und vage, doch sicher ist, dass sich die *soma* (wörtlich: Körper) oder *sema* (Grabmal, Denkmal) genannte Anlage im Palastbezirk Alexandrias in der Stadtmitte befand. Der Dichter Lukan beschreibt als einziger (wenn auch literarisiert) das Aussehen des Grabes: Die Grabkammer ist eine unterirdische Höhle, über den Gräbern (Alexanders und der Ptolemäer) erheben sich Pyramiden und Mausoleen. Daraus lässt sich als ein Rekonstruktionsversuch ein Grabmal ähnlich dem Mausoleum des Maussolos von Halikarnassos ableiten: Über einer massiven rechteckigen Struktur erhebt sich ein spitz zulaufendes, pyramidenförmiges Dach. Unter dem Bauwerk befinden sich die Grabkammer Alexanders und der Ruhestätten der Ptolemäer. Letztendlich bleiben Rekonstruktionsversuche mangels Quellen Spekulation.

Innerhalb der unterirdischen Kammer war Alexander zunächst in einem goldenen Sarkophag gebettet worden, doch 89 v. Chr. stahl Ptolemaios X. Alexander, der, abgesehen vom Namen, keine Qualitäten seines entfernten Vorgängers aufwies, den Sarkophag, um seine klammen Kassen zu füllen. Das Volk von Alexandria, ein notorischer Herd von Unruhestiftern, nahm diesen Grabraub zum Anlass, den König aus der Stadt zu jagen. Der Sarkophag wurde durch einen aus Glas ersetzt. Ein sich aufdrängender Lenin-Vergleich passt aber nicht ganz, denn anders als beim Sowjetpotentaten gibt es keine Belege dafür, dass ganze Touristengruppen am Leichnam vorbeigeschleust wurden.

Das Grab als Anziehungspunkt für römische Kaiser

Belegte Besucher des Grabes sind jedoch römische Kaiser. Schon Caesar hatte das Grab besucht, es folgte 30 v. Chr. Octavian, der spätere Augustus. Wie einst Alexander kam er als Eroberer nach Ägypten und beendete die nahezu 200-jährige Herrschaft der Ptolemäer mit seinem Sieg über Kleopatra VII. Er ließ den Sarkophag hervorholen, öffnen und mit einem goldenen Kranz und Blumen schmücken. Dabei ging Octavian aber ziemlich ungeschickt vor: Er soll die königliche Nase abgebrochen haben. Die Ptolemäer würdigte Octavian keines Blickes, er habe einen König sehen wollen, nicht Tote.

Der nächste Kaiser mit einer Verbindung zum Grab war Caligula (reg. 37 bis 41 n. Chr.), der es plündern ließ. Anders als bei Ptolemaios X. Alexander handelte er nicht aus finanziellen Interessen, sondern wollte sein eigenes Prestige aufbessern: Sueton, berichtet, dass der junge Kaiser den Brustpanzer Alexanders aus dessen Grab habe holen lassen, um ihn selbst zu tragen. Damit war Caligula der erste in einer Reihe von Kaisern, die eine ostentative *Imitatio Alexandri* betrieben.

Ebenfalls das Alexandergrab besuchte Kaiser Septimius Severus (reg. 193 bis 211 n. Chr.). Mit ihm endete die Zeit des Grabes als Anziehungspunkt für Besucher: Der Kaiser ließ das Grab verschließen, damit niemand mehr einen Blick auf Alexander werfen könne. Letzter bekannter Besucher des

Der Markusdom in Venedig. Vielleicht die letzte Ruhestätte Alexanders?

Grabes war sein Nachfolger: 215 n. Chr. reiste Kaiser Caracalla nach Alexandria, wo sein Besuch am Alexandergrab in einer pompösen Zeremonie inszeniert wurde. Caracallas Alexanderverehrung nahm, folgt man der einhellig negativen antiken Geschichtsschreibung, exzentrische bis wahnhafte Züge an: So habe er eine Militäreinheit in Vorbereitung seines Feldzugs gegen die Parther nach dem Vorbilde von Alexanders Phalanx in historisierender Kostümierung aufgestellt, sich wie Alexander gekleidet und behauptet, Alexander sei in ihm zu neuem Leben erwacht. Ob Übertreibung oder Wahrheit – fest steht, dass Caracalla für sich beanspruchte, ein neuer Alexander zu sein. Statt den Osten zu erobern, fand der Möchtegern-Alexander jedoch ganz unheroisch den Tod durch Verräter-Dolche, als er sich am Wegesrand erleichterte.

Das Rätsel um das verschollene Grab

Die gesicherten Fakten zum Alexandergrab enden mit Caracallas pompöser Inszenierung. Schon in der Spätantike war die Lokalisation ein Mysterium. Der Kirchenvater Johannes Chrysostomos erwähnt in einer Predigt Anfang des 5. Jahrhunderts, dass noch nicht einmal mehr Alexanders eigene Leute (gemeint sind die Heiden von Alexandria) wüssten, wo er begraben liegt. Und der Theologe Theodoret von Kyrrhos stellt in der ersten Hälfte des 5. Jahrhunderts die Frage: „Wer kennt denn das Grab des Xerxes oder des Dareios? Wer das des Alexander, der in kürzester Zeit so viele Völker unterworfen hat?"

Aber wie konnte es passieren, dass das Grab eines der bekanntesten Menschen der Antike von der Bildfläche verschwand? Eine Theorie besagt, dass das Grab in den Wirren des 3. Jahrhunderts zerstört worden ist. Ende des dieses Jahrhunderts rollte eine Gewaltwelle aus Aufständen und Belagerungen über Alexandria. Möglicherweise wurde das Grabmal während der Kämpfe zerstört oder abgetragen, um die Steine an anderer Stelle wiederzuverwerten. Eine weitere Möglichkeit ist, dass das Grab bei dem gewaltigen Erdbeben des Jahres 365 in den Fluten des Mittelmeeres versunken ist. Der von den Erdstößen ausgelöste Tsunami zerstörte ganze Stadtviertel, begrub Tausende unter seinen Wassermassen und schleuderte laut einem Augenzeugen sogar Schiffe auf Hausdächer. Dagegen spricht, dass der Redner Libanios um 390 noch das Alexandergrab erwähnt. Daher wird von einigen eine Zerstörung des Grabes im Zuge der radikalen anti-heidnischen Politik des alexandrinischen Patriarchen Theophilos angenommen.

Vergebliche Suche

Im 19. Jahrhundert sorgte eine Meldung für Aufsehen: 1850 behauptete ein gewisser Ambrosius Schilizzi, der sein Geld als Dolmetscher und Touristenführer in Alexandria verdiente, er sei in ein Gewölbe unter der Nabi-Daniel-Moschee herabgestiegen und habe durch den Spalt einer Tür den gläsernen Sarg Alexanders erspähen können. Seine angebliche Entdeckung habe er nicht näher untersuchen können, da Wächter ihn vertrieben hätten. Die Geschichte hat mehrere Haken: Der vorgebliche Entdecker beschrieb, dass der Sarkophag mit Papyri umhüllt gewesen sei. In dem feuchten Klima eines unterirdischen Gewölbes können sich diese aber nicht so lange erhalten haben. Und: Anschließend konnte niemand den Sarg finden. Damit fällt die „Entdeckung" unter Touristenführer-Seemannsgarn.

Auch heute melden sich immer wieder mehr oder weniger seriöse Experten zu Wort, des Rätsels Lösung gefunden zu haben. So behaupteten 2021 ägyptische Tourismusbehörden, Hinweise für das Grab Alexanders in Siwa gefunden zu haben. Andere schlagen vor, das Grab irgendwo in der Wüste zu suchen, da Alexanders Mumie dort in Sicherheit gebracht worden sei. Eine besonders fabelhafte, aber nicht vollkommen abwegige Theorie vermutet Alexanders Leiche im Markusdom von Venedig: Heiden hätten Alexanders Leiche Ende des 4. Jahrhunderts in Sicherheit gebracht und auf den Evangelisten Markus umetikettiert. Dessen Reliquien haben dann 828 venezianische Kaufleute aus dem muslimischen Alexandria in ihre Heimat geschmuggelt. Letztlich bleiben alle Theorien bis zur Erbringung eines Beweises Spekulation und so bleibt das Alexandergrab eines der größten Rätsel der Archäologie.

Moritz Penshorn lehrt Alte Geschichte an der Universität Oldenburg.

Die Zeit der Diadochen

Gregor Weber

Der Tod Alexanders des Großen am 10. Juni 323 v. Chr. in Babylon traf dessen Umgebung unvorbereitet: Der König hatte keine verbindliche Regelung seiner Nachfolge getroffen, sodass offenbleiben musste, wie es mit dem gewaltigen Reich, das von Makedonien bis nach Indien reichte, weitergehen sollte. Angeblich, so der Historiker Diodor, hatte Alexander auf die Frage, wem er die Königsherrschaft (*basileia*) hinterlasse, geantwortet: „Dem Besten, denn ich sehe voraus, dass meine Freunde große Leichenspiele ausrichten werden."

Alexanders Tod und die ungeregelte Nachfolge

Der Grund für die aus dynastischer Perspektive missliche Situation lag darin, dass man zwar mit zwei Nachfolgern rechnen konnte, beide aber ein ‚Handicap' besaßen: Alexanders Frau Roxane war schwanger, doch blieb unklar, ob das Kind ein Junge und überhaupt lebensfähig sein würde; jedenfalls brauchte der Säugling einen Vormund. Der andere Kandidat, Alexanders Halbbruder Philipp Arrhidaios, ein Sohn Philipps II. von Philinna aus Larissa, befand, sich nicht im Vollbesitz der geistigen Kräfte; auch er konnte nur mit jemandem *zusammen* regieren. Eine praktikable und von allen relevanten Gruppen getragene Lösung musste gefunden werden, bei der es auch darum ging, ob das Reich als Ganzes bewahrt werden konnte oder in mehrere Teile zerfiel.

Das Arrangement von Babylon und die Regelungen von Triparadeisos

Mit den makedonischen Fußtruppen einigte sich Alexanders engste Umgebung nach erheblichen Auseinandersetzungen auf folgende Lösung: Arrhidaios

Das Begräbnis Iskandars (Alexanders des Großen). Persische Miniatur aus Tuhfat al-ahrar (um 1530).

sollte als Philipp III. König sein und mit einem Sohn Alexanders, dem späteren Alexander IV., die Herrschaft teilen – ein Novum! Drei Personen sollten dies garantieren: Der populäre Krateros sollte Vormund (*prostates*) beider Regenten sein und deren Interessen wahrnehmen; Perdikkas, der Siegelbewahrer, amtierte als Reichsverweser und hatte Zugriff auf Ressourcen und Heer; und schließlich war da noch Antipatros, der das höchste Prestige besaß und weiterhin über die europäischen Reichsteile verfügte, sich aber in Makedonien befand.

Die Satrapien und Kommandostellen des Reiches wurden neu verteilt – und hier begegnen uns die wichtigsten Akteure der folgenden Jahre: Lysimachos erhielt Thrakien;

Leonnatos fiel Phrygien am Hellespont zu; Eumenes, Kanzleichef und einziger Grieche, bekam Paphlagonien und Kappadokien zugeteilt, das aber noch erobert werden musste; dabei sollte ihm Antigonos helfen, der als Satrap von Großphrygien bestätigt wurde. Antipatros wurde offiziell Stratege von Europa, und Seleukos folgte Perdikkas als Kommandant der ersten Hetaireneinheit nach. Libyen und Ägypten sicherte sich Ptolemaios, der an indigene Traditionen anknüpfte und die Ressourcen des Landes für sich zu nutzen verstand.

Nicht immer gelingt es, Motivation und Absichten der Protagonisten herauszufinden, aus denen sie zu einer bestimmten Zeit agiert haben. Dies liegt nicht zum wenigsten am Umstand, dass die Quellenlage,

zumal für die Geschichtswerke, ein einziges Trümmerfeld ist. Dieses Arrangement von Babylon stellte jedenfalls einen Kompromiss dar, so dass Konflikte vorprogrammiert waren – umso mehr, als sich alle Beteiligten als kompetitiv ausgerichtet erweisen sollten und *jeder* sich als gleichberechtigt ansah.

Zunächst brachen in Ost wie West Aufstände aus: In Baktrien revoltierten griechische Söldner, an denen ein Exempel statuiert wurde. Dann tat sich unter Führung des Atheners Leosthenes ein neuer Hellenenbund wichtiger griechischer Städte gegen Makedonien zusammen: Antipatros wurde in Lamia in Thessalien eingeschlossen, aber durch Leosthenes' Tod, den makedonischen Sieg in der Seeschlacht bei Amorgos und den Landsieg bei Krannon unter Antipatros und Krateros brach der Widerstand des Bundes zusammen. In Athen wurde 322/21 v. Chr. die demokratische Verfassung beseitigt und ein makedonenfreundliches Regime unter Phokion und Demades errichtet. Bis auf wenige Widerstandsnester in Mittelgriechenland war die Region vorerst befriedet. Die gemeinsam gebannte Gefahr führte zur Heirat von Antipatros' Tochter Phila mit Krateros – ein Phänomen, das die nächsten Jahrzehnte prägte: eine Heiratspolitik, die nach und nach dazu führte, dass alle wichtigen Protagonisten miteinander verwandt sein sollten.

Unterdessen hatte Perdikkas 322 v. Chr. versucht, seine Position auszubauen: Er war mit dem Kern des Reichsheeres Eumenes in Kappadokien zu Hilfe gekommen und hatte sich zum Beschützer (*prostates*) der Könige gemacht. Nicht allein dadurch, dass er sich als Verfechter der Reichseinheit gerierte, wurde er den anderen zunehmend suspekt, sondern auch, indem er Antipatros' Tochter Nikaia verstieß und um Alexanders leibliche Schwester Kleopatra warb. Daraus entwickelte sich der erste Diadochenkrieg (321/20 v. Chr.), in welchem sich Perdikkas, seine Brüder, Eumenes und die Satrapen des Ostens mit dem gesamten Reichsaufgebot auf der einen Seite und Antipatros, Krateros und Antigonos, dazu Lysimachos und Ptolemaios auf der anderen gegenüberstanden.

Gekämpft wurde mit allen Mitteln: Hatte Alexander beim Orakel in Siwa bestattet sein wollen, favorisierte Perdikkas hingegen die Grablege der Dynastie im makedonischen Aigai. Ptolemaios aber gelang es, den Leichnam zu entführen und im Herbst 321 v. Chr. in *seinem* aktuellen Residenzort Memphis zu bestatten. Der Besitz der sterblichen Überreste versprach Prestige und begründete in der späteren Hauptstadt

Die Bronzemünze des Kassandros zeigt auf der Vorderseite den Kopf des Apollon mit Lorbeerkranz, der freilich auch eine Ähnlichkeit mit bekannten Bildnissen Alexanders des Großen aufweist; die Rückseite wird von einem Dreifuß dominiert, gerahmt vom Hinweis, dass die Münze von König Kassandros ausgegeben wurde (zwischen 305 und 297 v. Chr.).

Alexandria kultische Verehrung! Überhaupt war Ptolemaios ungemein rührig, seine Stellung zu festigen: 322/21 v. Chr. hatte er seine Kräfte zu einer Intervention in Kyrene nutzen können, wo er eine neue Verfassung einrichtete. Perdikkas, der im Frühjahr 320 v. Chr. nach Ägypten einmarschieren wollte, wurde im Nildelta von unzufriedenen Offizieren, unter denen sich auch Seleukos befand, ermordet. Dass Ptolemaios die ihm angetragene Nachfolge des Perdikkas nicht annahm, dürfte der Einsicht geschuldet gewesen sein, dass auch *er* dann in gleicher Weise *alle anderen* gegen sich aufgebracht hätte. Mit dem Tod des Krateros, der eine Schlacht gegen Eumenes verloren hatte, war um dieselbe Zeit ein weiterer prominenter Protagonist aus dem Rennen geworfen.

Schließlich traf man sich im Sommer 320 v. Chr. in Triparadeisos, im nördlichen Syrien, um eine Regelung zu verabreden. Der gefundene Konsens stand unter der Autorität des fast achtzigjährigen Antipatros: Er nahm die beiden Könige, die gemeinsam herrschen sollten, mit nach Europa, blieb dort Stratege und übernahm den Posten des Reichsverwesers, für den eigentlich Krateros vorgesehen war. Das Reichsaufgebot erhielt als Perdikkas' Nachfolger der über sechzigjährige Antigonos – mit dem Auftrag, gegen Eumenes und Alketas, den Bruder des Perdikkas, vorzugehen. Die Satrapienverteilung blieb im Wesentlichen unangetastet; allein Seleukos erhielt jetzt Babylonien – als Anerkennung für seine Mithilfe bei der Ermordung des Perdikkas. Damit war der Grundstein für das spätere Seleukidenreich gelegt.

Eheschließungen sollten die Vereinbarung absichern: Der junge Demetrios, Sohn des Antigonos, stand schon für die nächste Generation (Epigonen) und wurde mit Phila, der Witwe des Krateros, verhei-

103

Aus der Villa dei Papiri in Herculaneum stammt dieser bronzene Kopf des Seleukos I. Nikator. Es handelt sich um die römische Kopie eines griechischen Originals, die sich im Archäologischen Nationalmuseum in Neapel befindet.

ratet; dieser Verbindung entsprangen Antigonos II. Gonatas und Stratonike, die später Seleukos und dessen Sohn Antiochos aus der Ehe mit der Sogdierin Apama heiraten sollte. Lysimachos erhielt die von Perdikkas verstoßene Nikaia. Und vielleicht fand zu diesem Zeitpunkt auch die Heirat zwischen Ptolemaios und Eurydike statt. Die Zentrale des Reichs wurde wieder nach Europa zurückverlegt, was sich angesichts des Alters und der auf Makedonien zentrierten Perspektive des Antipatros als problematisch erweisen sollte.

Der Kampf um die Reichseinheit bis zum „Jahr der Könige"

Antipatros wollte Vorsorge treffen, wie es nach seinem Tod mit beiden Königen weiterging. Er entschied sich dafür, dass der angesehene Polyperchon, zuvor Stellvertreter des Krateros, an seiner Stelle *prostates* und Reichsverweser sein solle – eine Nomi-

nierung, die weder mit den „Satrapenkollegen" noch mit dem Heer abgesprochen war; zusätzlich mangelte es Polyperchon an Autorität und politischer Erfahrung. Als Antipatros bald darauf starb, regte sich Widerstand: Kassandros, der Sohn des Antipatros, fühlte sich übergangen; sein Vater hatte ihn wohl als zu jung befunden, sich gegen die mächtigen makedonischen Satrapen durchsetzen zu können, und deshalb *nur* zum Chiliarchen ernannt. Antigonos, genannt Monophthalmos („der Einäugige"), wiederum hatte seine militärischen Aufgaben erfüllt und dachte nicht daran, auf das Kommando über das Reichsaufgebot zu verzichten.

Aus dieser Konstellation entwickelte sich der zweite Diadochenkrieg, der bis 315 v. Chr. währte. Kassandros, Antigonos, Lysimachos und Ptolemaios stand nun ein seltsames Trio gegenüber: Polyperchon, Alexanders Mutter Olympias und Eumenes; gerade Letzterer war nicht zu unterschätzen, hatte er sich doch mit seinem Sieg über Krateros als exzellenter Feldherr erwiesen. Und Polyperchon war in Makedonien durchaus akzeptiert; den Städten in Griechenland versprach er Freiheit und Demokratie, d.h. die Einsetzung früherer Verfassungen und die Rückkehr der Exilierten – freilich keine Unabhängigkeit von Makedonien. In Asien setzte er im Namen der Könige Eumenes als Oberbefehlshaber und Nachfolger des Antigonos ein. Wertvoll war hier die Eliteeinheit der Argyraspiden („Silberschildner"), die den makedonischen Kern repräsentierten. Als Grieche hatte es Eumenes in diesem Milieu schwer und musste mit Inszenierungen zeigen, dass ihm an Alexander, der Argeadendynastie und dem Gesamtreich besonders gelegen war.

Im Westen zeichnete sich bald eine neue Entwicklung ab: Die ehrgeizige Eurydike hatte sich mit ihrem Mann Philipp III. Arrhidaios unter den Schutz Kassanders gestellt. Polyperchons Freiheitserklärung hatte in Griechenland freilich keine enthusiastischen Reaktionen hervorgerufen, und im Sommer 318 v. Chr. verfügte er nur noch auf der Peloponnes über einen Machtbereich. Kassander hingegen war Anfang 317 v. Chr. Regent in Makedonien, von Eurydike proklamiert, und begann, sein Wirken auf Griechenland auszudehnen. Aber auch die Gegenseite war nicht untätig: Olympias ließ im Herbst desselben Jahres die „Verräter" Eurydike und Arrhidaios grausam ermorden, worauf Kassandros es vermochte, sich selbst als Rächer zu präsentieren: Es gelang ihm, Olympias im makedonischen Pydna einzuschließen und in Abwesenheit von der makedonischen Heeresversammlung zum Tode verurteilen zu lassen; ihr Ende erfolgte durch ein Killerkommando. Alexander IV. und seine Mutter Roxane wurden in Amphipolis unter Arrest gestellt. Indem Kassandros Eurydike, deren Mutter Kynane – eine Tochter Philipps II. – und Arrhidaios in Aigai bestattete, erfüllte er die Pflichten eines legitimen Nachfolgers; die Heirat mit Thessalonike, einer anderen Tochter Philipps II., verbesserte seine Position, symbolisch umgesetzt in der Neugründung der Städte Thessalonike und Kassandreia.

Im Osten wiederum verzeichnete Eumenes Erfolge: Er konnte Mesopotamien und die Persis einnehmen und im Winter 316/15 v. Chr. seinen Gegnern in der Schlacht bei Paraitakene (bei Isfahan) ein Unentschieden abtrotzen. Da jedoch in der nächsten Schlacht bei Gabiene der makedonische Tross seines Heeres mit Frauen, Kindern und Verwandten zahlreicher Makedonen in die Hand des Antigonos fiel, gelangte dieser in eine gute Verhandlungsposition: Eumenes wurde ausgeliefert und hingerichtet.

In der Folgezeit reorganisierte Antigonos die Verhältnisse in der Region – mit eigenen Gefolgsleuten. Deshalb floh Seleukos im Sommer 315 v. Chr. von Babylon zu Ptolemaios nach Ägypten und setzte von nun an alles daran, in seinen Herrschaftsbereich zurückzukehren. Der jetzt ausbrechende dritte Diadochenkrieg war dem Umstand geschuldet, dass diese Entwicklung für die ehemaligen Verbündeten im Kampf gegen Eumenes und Polyperchon kaum akzeptabel war; deshalb stellte eine Gesandtschaft von Kassandros, Lysimachos und Ptolemaios Antigonos ein Ultimatum: Seleukos sollte wieder in Babylon eingesetzt werden, Lysimachos das hellespontische Phrygien erhalten, Ptolemaios Syrien als Ganzes und Kassandros zusätzlich Kappadokien und Lykien. Dass Antigonos darauf eingehen würde, war unwahrscheinlich. Stattdessen agierte er auf mehreren Schauplätzen: Unter anderem besetzte er Südsyrien und erließ im Sommer 314 v. Chr. nach erfolgreicher Belagerung von Tyros seinerseits eine Proklamation, die sich vor allem gegen Kassandros richtete, dem er mit Versprechungen an die griechischen Städte Konkurrenz zu machen versuchte; das Bündnis mit Polyperchon diente demselben Zweck. Im Sommer oder Herbst desselben Jahres gründete er einen Bund (*koinon*) der Städte auf den Inseln in der Ägäis, den sogenannten Nesiotenbund, und fungierte als Protektor. Doch nicht alles gelang: Ein Angriff seines Sohnes Demetrios auf Südsyrien im Herbst 312 v. Chr. konnte Ptolemaios in der Schlacht von Gaza erfolgreich abwehren.

Die Levante war somit für Antigonos verloren, seine Gegner konnten die Verbindung von Kleinasien in Richtung Mesopotamien stören. Zudem musste er zu Lasten seiner Initiativen in Richtung Europa im Nahen Osten nach dem Rechten sehen, hatte sich doch Seleukos im Frühjahr 311 v. Chr. mit wenigen Truppen wieder in Babylon etablieren können – die Jahreszählung der Seleukiden begann mit dem Jahr 312/11 v. Chr.!

Antigonos' Position war also zu dieser Zeit nicht stärker als zu Beginn des dritten Diadochenkrieges. Da direkte Verhandlungen mit den Konkurrenten an seinen überzogenen Forderungen scheiterten, war er an einer Übereinkunft interessiert: Der sogenannte Friede von 311 v. Chr. war allerdings kaum mehr als ein Waffenstillstand, eine Bestätigung des Status quo, die Antigonos den Rücken für Aktionen gegen Seleukos freihielt.

Unter den in der alten makedonischen Königsstadt Aigai (Vergina) gefundenen Königsgräbern befindet sich auch eines, in dem Alexander IV. und seine Mutter Roxane vermutet werden; ihm entstammt die kostbare Silberhydria mit dem goldenen Eichenkranz.

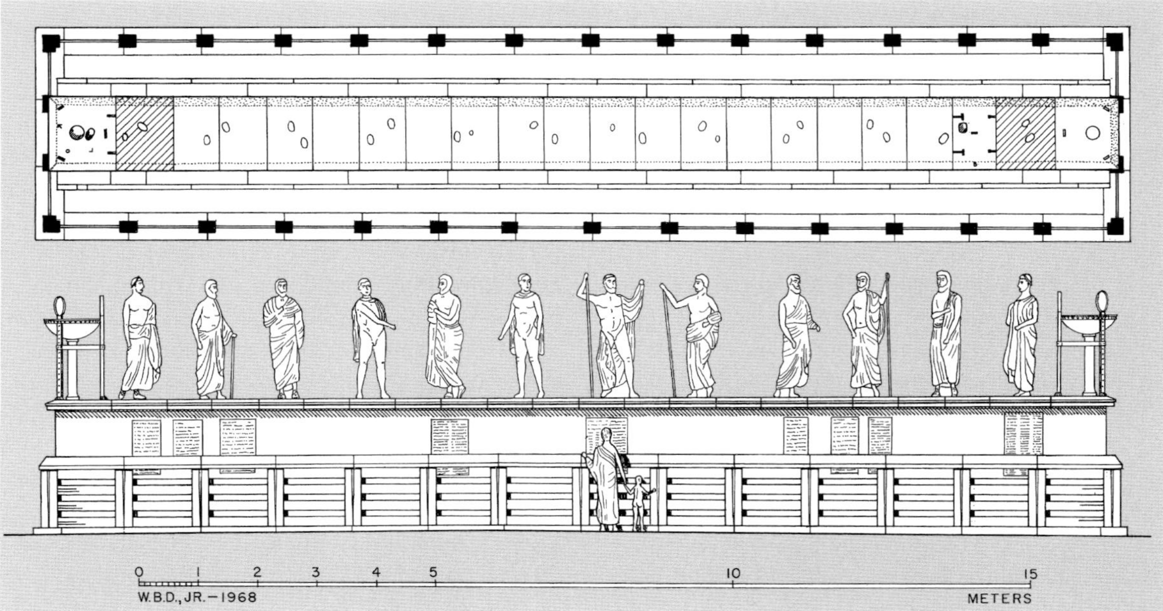

Das Monument der Phylenheroen auf der Agora in Athen wurde so umgestaltet, dass zusätzlich zu den zehn Statuen noch zwei weitere – jeweils eine an den Enden – aufgestellt werden konnten, nämlich für Antigonos und Demetrios.

Dem Friedensabkommen waren zwei Klauseln beigegeben, die sich noch als wichtig erweisen sollten: Es wurde festgesetzt, wie lange diese Regelung gelten sollte – bis zur Volljährigkeit von Alexander IV. im Jahre 305 v. Chr. Und es war die Freiheit der Städte festgeschrieben: Die jeweiligen Machthaber, die griechische Städte auf ihrem Territorium oder in ihrem Einflussbereich hatten, mussten sie garantieren. Damit wurde ein neues Grundproblem deutlich: Wie verhielt sich die traditionelle Form griechischer Politik zu den neuen Gebilden der territorial ausgerichteten Herrschaft? Briefwechsel, die die Herrscher mit den Städten führten und die in Stein gemeißelt wurden, enthalten wichtige Hinweise: Benannt werden Wohltaten der Herrschenden und Loyalitätsreaktionen der Beherrschten, die die Könige kultisch wie traditionelle Götter verehrten; es entstand eine neue politische Grammatik der Kommunikation (Wohltaten, Eidesleistungen, Ehrungen, Geschenke etc.). Auch lassen sich im Umfeld der Machthaber immer mehr Personen ausmachen, die städtischem Kontext entstammten und als Mittler agierten.

310 v. Chr. ließ Kassandros Alexander IV. und seine Mutter Roxane ermorden. Da somit keine formelle Bindung im engeren Sinne mehr an die Argeadendynastie bestand, verschaffte er sich die Möglichkeit, den Besitzstand zu sichern. Allerdings lebten noch drei mit Alexander verwandte Personen: Thessalonike, Alexanders Halbschwester, mit Kassandros verheiratet; Alexanders leibliche Schwester Kleopatra; und Alexanders ältester Sohn Herakles von seiner Geliebten Barsine, die sich beide nach Kleinasien zurückgezogen hatten.

Sofort machte sich Antigonos daran, Seleukos als ernste Bedrohung seiner Herrschaft im Osten zu beseitigen. Zwar ging er mit größtmöglicher Aggressivität ans Werk, doch es gelang ihm nicht, Seleukos nennenswert zu schwächen. Beide schlossen Ende 308 v. Chr. ein Abkommen, das den Status quo respektierte. Seleukos verfügte über alles Land, das sich östlich des Zweistromlands befand, und konnte daran gehen, die Ostgebiete bis nach Indien zurückzuerobern.

Im Mittelmeer spitzte sich die Situation zu, ging es doch seit 310 v. Chr. um nichts Geringeres als um die Vorherrschaft in der Ägäis und in Griechenland: Mit umfangreichen Flottenunternehmungen annektierte Ptolemaios Zypern, während Kassandros Polyperchon zur Ermordung des Alexandersohnes Herakles bewegen konnte. Lysimachos wiederum gründete 309/08 v. Chr. anstelle der Stadt Kardia *seine* Hauptstadt Lysimacheia, bestens ausgerichtet in Richtung Thrakien, Mittelmeer und Meerengen. 308 v. Chr. landete Ptolemaios auf der Peloponnes und versuchte, mit Alexanders Schwester Kleopatra Kontakt aufzunehmen, die seit über zehn Jahren von Antigonos in Sardeis gefangen gehalten wurde; indem Antigonos sie ermorden ließ, endete die Möglichkeit, über die direkte Verwandtschaft ein Plus an Legitimität zu erzielen.

Neue Arrangements trugen den realen Verhältnissen Rechnung: Ptolemaios einigte sich mit Kassandros, Antigonos mit Seleukos, was dem Einäugigen die Möglichkeit bot, sich wieder auf Griechenland zu konzentrieren. Seinem Sohn Demetrios gelang es 307 v. Chr., Athen von der makedonischen Vorherrschaft zu befreien und die Demokratie wiederherzustellen. Die gut überlieferten kultischen Ehrungen für den „Retter" erscheinen übersteigert, führten aber u. a. dazu, dass Demetrios und Antigonos zu neuen Phylenheroen bestimmt und als neue Phylen Antigonis und Demetrias eingerichtet wurden. Dem „Paket" an Ehrungen insgesamt sollte auch für das Verhältnis griechischer Städte zu anderen Diadochen eine Vorbildfunktion zukommen.

Wieder erwies sich ein kleines Detail als folgenreich: Demetrios war von seinem Vater aus Athen abberufen worden, um gegen die ptolemäische Herrschaft auf Zypern vorzugehen; im Frühjahr 306 v. Chr. besiegte er Ptolemaios in der Seeschlacht vor Salamis auf Zypern. Auf die Nachricht von diesem Sieg ließ sich Antigonos – wohl in einer orchestrierten Inszenierung – von der Heeresversammlung zum König (*basileus*) ausrufen und legte als Zeichen dafür das Diadem, ein purpurfarbenes Stirnband, an. Gleichzeitig sandte er auch seinem Sohn ein Diadem und setzte ihn damit zum König ein, was in eine dynastische Richtung wies. Die Proklamation des Antigonos hatte an einer strategisch wichtigen Stelle am Unterlauf des Orontes in Nordsyrien stattgefunden: Dort gründete er 307 v. Chr. seine neue Hauptstadt, Antigoneia. In einem kompensatorischen Akt ließ sich wenig später auch Ptolemaios zum König ausrufen; Seleukos, Lysimachos und Kassandros sollten folgen. Dabei blieb die jeweilige Ausdehnung offen (nur Kassandros war „König der Makedonen"), entscheidend war vielmehr der König als Person. Das Jahr 306/05 v. Chr. als „Jahr der Könige" stellte in diesen turbulenten Zeiten einen großen Einschnitt dar, weil Legitimität nicht mehr über die Zugehörigkeit zur Argeadendynastie vermittelt wurde. Von der einheimischen Bevölkerung, etwa in Mesopotamien oder Ägypten, konnten die Diadochen in *deren* Herrschaftstradition ge-

Der Kampf um die Reichseinheit bis zum „Jahr der Könige"

Die Münze aus Amphipolis (ca. 292/91 v. Chr.) zeigt ein Porträt des Demetrios I. Poliorketes mit Hörnern und Diadem, auf der Rückseite einen sitzenden Poseidon mit Dreizack; der Anspruch auf Göttlichkeit des Königs wurde auch in anderen Medien zum Ausdruck gebracht.

stellt werden. Ein konkreter Sieg oder zumindest ein entsprechender Habitus, also Leistung, stellten die Voraussetzung dar. Die Zuerkennung des Königstitels brachte somit zum Abschluss, was sich in der politischen Praxis bereits abgezeichnet hatte.

Der Abschied von der Reichseinheit und der Tod des Antigonos

In einem fragmentarischen Geschichtswerk eines unbekannten hellenistischen Autors ist von der Überzeugung des Antigonos die Rede, die gesamte bewohnte Welt (*Oikumene*) beherrschen zu wollen. Zumindest agierte er in diesem Sinne. Und erneut sollte sich der Mechanismus zuspitzen, dass sich alle gegen den Mächtigsten verbündeten.

Nicht alles gelang: Antigonos und Demetrios versuchten zu Wasser und zu Lande Ptolemaios in Ägypten zu attackieren – ohne Erfolg, was Ptolemaios einen Prestigezuwachs bescherte. Auch scheiterten Pläne der Antigoniden, sich nach Zypern und der Dominanz im Nesiotenbund auch Rhodos einzuverleiben. Eine einjährige Belagerung (305/04 v. Chr.) misslang. Daraufhin stellten die Rhodier am Hafeneingang eine Statue ihres Inselgottes Helios auf, bekannt als Koloss von Rhodos, eines der sieben Weltwunder.

In Griechenland begann Demetrios 303/02 v. Chr. eine zunächst durchaus erfolgreiche Offensive gegen

Ptolemaios und Kassandros: Damit brach der vierte Diadochenkrieg aus, der bis 301 v. Chr. dauerte. 302 v. Chr. gelang die Errichtung eines Bundes mit griechischen Städten, quasi als Neuauflage des Korinthischen Bundes, gerichtet gegen Makedonien und mit einem König, der *mehr* als ein normales Bundesmitglied war. Kassandros, Lysimachos und Seleukos, der neuerdings über 500 Kriegselefanten aus Indien verfügte, taten sich zusammen, und im Frühjahr 301 v. Chr. kam es bei Ipsos in Phrygien zu einer gewaltigen Schlacht, an der auch Demetrios teilnahm. Der greise Antigonos fiel, doch Demetrios gelang mit wenigen Getreuen die Flucht an die kleinasiatische Küste. Dort hielten einige der Städte noch zu ihm, und dort befand sich auch die antigonidische Flotte.

Damit war die Entscheidung über das Alexanderreich als Einheit gefallen. Antigonos war der letzte gewesen, der sie offensiv verfochten und bei der Integration der Griechen die größten Erfolge erzielt hatte. Die nächsten Jahre mussten zeigen, wozu die anderen Könige fähig und bereit waren. Konsolidiert war das System der hellenistischen Staaten jedenfalls noch nicht.

Marmorbüste des Pyrrhos aus dem Großen Peristyl der Villa dei Papiri in Herculaneum; römische Kopie eines griechischen Originals (um 290 v. Chr.), Archäologisches Nationalmuseum in Neapel.

Die Sieger – Lysimachos, Kassandros und Seleukos – teilten das Reich des Antigonos untereinander auf: Lysimachos war der große Gewinner, vor allem durch den Zugewinn des hellespontischen Phrygien und des Gebiets von Kleinasien bis zum Tauros. Seleukos blieb als Zugang zum Mittelmeer ein schmaler Küstenstreifen in Nordsyrien, aber es ist von besonderer Programmatik, dass er um 300/299 v. Chr. dort, wo sich Antigonos' Hauptstadt Antigoneia befand, einen Verbund von vier Städten errichtete, die als Machtzentren und Residenzstädte fungierten: Seleukeia, Antiocheia, Laodikeia und Apameia – alle benannt nach Familienmitgliedern. Erneut kam Bewegung in die Konstellation: Um 300 v. Chr. heiratete Lysimachos Arsinoe, die junge Tochter des Ptolemaios, deren Halbschwester Lysandra ging an Agathokles, den ausersehenen Nachfolger und Sohn des Lysimachos. Auch Seleukos suchte sich einen Partner und verheiratete seine Tochter Stratonike mit Demetrios, der mit Ptolemaios und Lysimachos massive Konfliktherde teilte. Unmittelbare Bündnisse dürften mit diesen Eheverbindungen nicht verbunden gewesen sein, doch kamen gewisse Vorlieben zum Ausdruck.

Dass Demetrios als Verlierer von Ipsos weiter im Spiel blieb, mag erstaunen, aber es war ihm die antigonidische Flotte und die Dominanz zur See geblieben. Seine Ambitionen schienen ungebrochen zu sein, findet sich doch auf von ihm geprägten Münzen eine mythische Genealogie, nämlich Sohn des Gottes Poseidon zu sein. Auch andere Könige suchten religiöse Bezüge, etwa in Form eines Schutzgottes, der sie und ihre Dynastie begünstigt hat – Apollon bei den Seleukiden und Zeus bei den Ptolemäern.

Im Jahre 298/97 v. Chr. starb Kassandros. Er hinterließ drei Söhne mit klingenden Namen – Philipp, Antipatros und Alexander –, aber letztlich kam es streitbedingt zu keiner geregelten Nachfolge. Auch wenn seine Gegner nicht untätig blieben, konnte Demetrios das Vakuum 296 v. Chr. zu einer Überfahrt nach Griechenland nutzen und 294 v. Chr. Athen zurückgewinnen. Mehr noch, er ließ sich zum König der Makedonen proklamieren und gründete 294/93 v. Chr. mit Demetrias im Golf von Volos eine eigene, groß angelegte Hauptstadt. Allerdings gab es auch Widerstand gegen ihn, nicht zuletzt wegen seines ostentativen Habitus, der z. T. dem Alexanders an seinem Lebensende nicht unähnlich war; mehrere Eheverbindungen, aber auch die Formen der kultischen Verehrung des Königs sorgten für Irritationen.

In diesem Zusammenhang sei kurz auf Pyrrhos aus Epiros aus dem Königsgeschlecht der Aiakiden verwiesen, dem auch Alexanders Mutter Olympias entstammte: Er war der Schwager des Demetrios und hatte mit ihm bei Ipsos gekämpft; allerdings stellten sich bald Missklänge ein, als Pyrrhos mit Unterstützung des Ptolemaios 297 v. Chr. die Rückkehr nach Epiros gelang. Mehrfach fiel er nach Makedonien ein und baute Westgriechenland einschließlich eines Bündnisses mit Agathokles von Syrakus zum neuen Einflussgebiet aus – alles in der Tradition der Diadochen.

Demetrios plante weiter – unter anderem einen Zug nach Kleinasien mit einem gewaltigen Aufgebot. Die Reaktion der anderen entsprach dem bereits bekannten Muster – eine Koalition! Ptolemaios hatte die Kontrolle über den Nesiotenbund übernommen und die von Demetrios gehaltenen Städte Tyros und Sidon eingenommen; Pyrrhos und Lysimachos fielen 287 v. Chr. in Makedonien ein und teilten es unter sich auf. Demetrios landete tatsächlich, wenn auch

Überlebensgroßer Marmorkopf aus Ephesos (Selçuk), die vielfach Lysimachos zugewiesen wird; aufgrund des Fehlens von Münzporträts für diesen König ist die Identifizierung schwierig.

mit reduziertem Aufgebot, in Kleinasien, während in seinem griechischen Rücken mit Ausnahme von Korinth die Herrschaft erodierte; in Kleinasien setzte ihm Agathokles, der Sohn des Lysimachos, so zu, dass er weiter nach Osten wandte und sich 286 v.Chr. seinem ehemaligen Schwiegervater Seleukos ergab. Dieser hielt ihn ehrenvoll gefangen, bis er wohl drei Jahre später, aus Verzweiflung dem Alkohol ergeben, starb. Sein Sohn Antigonos konnte die Urne mit den sterblichen Überresten in Demetrias bestatten.

Vom Höhepunkt des Lysimachos zum Tod des Pyrrhos

Zwischenzeitlich hatte Lysimachos seinen Kampfgefährten Pyrrhos aus Makedonien vertreiben können und verfügte als König der Makedonen über ein Herrschaftsgebiet, das von Kleinasien und Thrakien bis nach Makedonien und Thessalien reichte. Auch wenn er von den Auseinandersetzungen mit den ihn umgebenden Thrakern und Geten absorbiert war – im Konzert mit den anderen Akteuren vermochte er

durchaus mitzuspielen: Den Griechen gegenüber verfolgte er eine energische Politik und hatte sein neues Herrschaftszentrum Lysimacheia ausgebaut. Nur einige Orte in Griechenland – die Festung von Korinth, Demetrias, Piräus und Chalkis – wurden von Antigonos Gonatas, dem Sohn des Demetrios, gehalten.

Seine Frau Arsinoe entwickelte nun um 284/83 oder 283/82 v.Chr. eine Intrige gegen ihren Stiefsohn Agathokles, der wegen Hochverrat hingerichtet wurde. Zweifellos ging es Arsinoe darum, sich und ihren Kindern bessere Voraussetzungen für die Nachfolge des über achtzigjährigen Lysimachos zu schaffen. Ihre Halbschwester Lysandra floh zu Seleukos und mit ihr zusammen deren leiblicher Bruder Ptolemaios Keraunos („der Blitz"). Dieser war von seinem Vater in der Thronfolge nicht berücksichtigt worden und machte jetzt Front gegen Lysimachos.

Bereits 293 v.Chr. hatte Seleukos seinen Sohn Antiochos zum Mitregenten und König über die östlichen Reichsteile ernannt – sicher um zu versuchen, dynastische Schwierigkeiten zu vermeiden. Bei Seleukos wurden auch Gouverneure und Strategen aus Kleinasien gegen Lysimachos vorstellig, unter anderem ein gewisser Philetairos, der mit der Verwaltung von Pergamon und der Schatzkasse des Lysimachos betraut war – er sollte zum Ahnherrn der Dynastie der Attaliden avancieren. Lysimachos hatte sich immer mehr als gestrenger Herr in seinem Territorium er-

In der Villa des P. Fannius Sinistor in Boscoreale befinden sich mehrere Wandgemälde aus der Zeit zwischen 50 und 30 v.Chr., die einen klar makedonischen Bezug aufweisen. Der vorliegende Bildausschnitt wird gedeutet als Antigonos II. Gonatas (Mitte) und seine Frau Phila (rechts) zusammen mit einem Philosophen (links). Die Zuweisung ist jedoch nicht gesichert.

Die Zeit der Diadochen

wiesen, und so reifte der Kriegsentschluss. Im Februar 281 v. Chr. standen sich die Heeresgruppen von Lysimachos und Seleukos bei Kurupedion in Lydien, in der Nähe von Sardeis, gegenüber: Lysimachos erlitt eine vollständige Niederlage und fiel in der Schlacht – seine Herrschaft löste sich auf! Nun befand sich ein gewaltiges Reich in *einer* Hand – bis auf Ägypten das ganze ehemalige Alexanderreich.

In Ägypten war unterdessen nach dem Tod des Dynastiegründers im Frühjahr 282 v. Chr. der Sohn, Ptolemaios II., bereits seit drei Jahren Koregent, an die Macht gekommen. Er forcierte die dynastische Schiene, etwa indem er die griechischen Städte zu Festspielen zu Ehren seines Vaters nach Alexandria einlud. Diese „Ptolemaia" sollten den olympischen Spielen an Rang gleichgestellt sein und alle vier Jahre stattfinden. Durch ihre Teilnahme erkannten die Städte diesen Anspruch an. Ein Eindruck von Dimension und Aufwand lässt sich aus einem längeren Fragment des zeitgenössischen Autors Kallixeinos von Rhodos ersehen, der eine Beschreibung des gewaltigen Festzugs gegeben hat.

Nach der erfolgreichen Organisation der Herrschaft in Kleinasien wollte Seleukos in seine alte Heimat Makedonien zurückkehren, um auch diesen Teil zu sichern. Aber er wurde nach der Überschreitung des Hellesponts im September 281 v. Chr. vor Lysimacheia ausgerechnet von Ptolemaios Keraunos ermordet: Dieser gerierte sich als Rächer des Lysimachos und ließ sich als König in Makedonien einsetzen. Zudem heiratete er seine Halbschwester Arsinoe, die vermutlich hoffte, durch diese Verbindung Sicherheit und eine mögliche Thronfolge für ihre Söhne von Lysimachos zu erlangen vergebens, die beiden jüngeren wurden ermordet, Arsinoe blieb nur die Flucht nach Ägypten zu Ptolemaios II., ihrem Bruder.

In den Jahren 280 bis 278 v. Chr. kam an drei Schauplätzen Bewegung in die gesamte Szenerie: Ptolemaios II. gegen Antiochos in Syrien, Ptolemaios Keraunos gegen Antigonos Gonatas um Makedonien und letzterer gegen Antiochos um das nördliche Kleinasien. Ptolemaios konnte aus einer gesicherten Position heraus in Nordsyrien Unruhen schüren, wenngleich wir über diesen „Syrischen Erbfolgekrieg" kaum etwas wissen; eine Vergrößerung seines Reiches in dieser strategisch bedeutsamen Region, d. h. auf Kosten des Antiochos, war durchaus erstrebenswert. Antiochos hatte nämlich einige Schwierigkeiten, gerade im Westteil seines Reiches die Herrschaft zu sichern.

Auf diesem Goldtetradrachmon ließ Ptolemaios II. auf der Vorderseite seine Schwester Arsinoe und sich selbst, auf der Rückseite ihre Eltern Ptolemaios und Berenike darstellen, was die dynastische Kontinuität betont. Die beiden Worte der Umschrift auf beiden Seiten bedeuten „(Münze) der Geschwistergötter".

Die ungewöhnliche Münze zeigt auf der Vorderseite kein Porträt eines hellenistischen Königs, sondern einen makedonischen Schild mit sieben Sternen, im Zentrum der Kopf eines unbärtigen, gehörnten Pan. Auf der Rückseite verzeichnet der Schriftzug neben der bewaffneten Athena Antigonos II. Gonatas als Prägeherrn.

Ein neuer Machtfaktor trat hinzu: Keltische Stämme waren in mehreren Gruppen bis Thrakien vorgedrungen, eine große Gefahr für den südlichen Balkan. Ein Zug unter Führung des Brennos wurde seit dem Sommer 280 v. Chr. zur ernsten Bedrohung für Makedonien: Ptolemaios Keraunos, der über keine Erfahrung in der Grenzsicherung verfügte, fiel im Kampf, sein Heer wurde fast vollständig vernichtet. In Makedonien kam es zu einer Anarchie mit mehreren, nur kurz regierenden Königen. Eine Gruppe der Kelten war 279 v. Chr. nach Süden weitergezogen und bedrohte das Heiligtum von Delphi. Einer Koalition aus Aitolern und anderen Griechen gelang es, die Gefahr abzuwenden, wobei dem Gott Apollon zugeschrieben wurde, durch einen Schneesturm die furchterregenden Krieger vertrieben zu haben. Fortan sollte die Keltengefahr ein Thema sein, das

Vom Höhepunkt des Lysimachos zum Tod des Pyrrhos

Die silberne Tetradrachme zeigt auf der Vorderseite den Kopf des Seleukos I. mit Stirnband (taenia), auf der Rückseite die sitzende Göttin Athena mit einem Rundschild. Als Prägeherr wird Philetairos (im Genitiv: ΦΙΛΕΤΑΙΡΟΥ) genannt.

in Literatur, bildender Kunst, in Inschriften und Festen immer wieder erwähnt wurde und sich in das kollektive Gedächtnis der Zeitgenossen einprägte. Dies wurde noch wichtig: Seit Ende 279 v. Chr. zogen andere keltische Gruppen entlang der Schwarzmeerküste zur Ägäis, und Antigonos Gonatas war es, der sie Anfang 277 v. Chr. mit Heer und Flotte bei Lysimacheia völlig aufrieb; die verschiedenen Züge der Kelten bildeten im Übrigen in Zen-tralanatolien dann den Stammesstaat der Galater. Der Sieg des „Retters" Antigonos könnte dazu beigetragen haben, dass er 276 v. Chr. König in Makedonien wurde – und blieb. Seine Münzen zierte das Bild des Gottes Pan, der ihm angeblich bei Lysimacheia mit einer Epiphanie geholfen haben soll.

Hilfreich war für Antigonos sicherlich, dass es zwischen 279 und 277 v. Chr. zu einem Arrangement mit Antiochos I. gekommen war. Es spricht für dessen Realismus, Makedonien und Europa Antigonos zu überlassen. Der Ehe des Seleukos mit Stratonike entstammte Phila, die nun die Frau ihres Onkels Gonatas wurde auch hier eine dynastisch orientierte Eheverbindung.

Eine Bedrohung blieb noch für Makedonien bestehen: Pyrrhos. Nachdem er im Herbst 275 v. Chr. nach seinen Aktionen gegen die Römer in Unteritalien und Sizilien nach Epiros zurückgekehrt war, bot sich ihm mit seiner schlagkräftigen Truppe die Gelegenheit, Antigonos Gonatas in Makedonien zu at-

tackieren. 274/73 v. Chr. konnte er Antigonos kurzzeitig sogar aus Zentralmakedonien und Thessalien vertreiben, bevor er dann 272 v. Chr. bei Straßenkämpfen in Argos ums Leben kam. Antigonos profitierte davon, da er einen Großteil von Pyrrhos' Truppen übernehmen konnte.

Mit dem Tod des Pyrrhos war eine relative Stabilität in der hellenistischen Welt nach Alexander erreicht. Eine Phase intensiver Auseinandersetzung mit zahlreichen Akteuren über fünfzig Jahre hinweg brachte, nachdem die Reichseinheit passé war, eine klare Aufteilung: Die Antigoniden herrschten über Makedonien, Thrakien, Thessalien und Teile Griechenlands. Die Ptolemäer besaßen Ägypten, die Kyrenaika, Koilesyrien und Palästina, Zypern und den Nesiotenbund sowie Gebiete an der anatolischen Südküste. Die Seleukiden schließlich verfügten über Nordsyrien mit ihren Hauptstädten, Mesopotamien und über Teile von Kleinasien – insgesamt das größte Territorium, dessen Kontrolle fast unmöglich werden sollte. In Kleinasien hatten sich neue kleinere Gebilde konstituiert:Beispielsweise prägte bereits 275/74 v. Chr. Philetairos in Pergamon Münzen mit dem Seleukos-Typ, allerdings im *eigenen* Namen. Auch die Bundesstaaten hatten an Bedeutung gewonnen, während die griechischen Städte unverändert wichtig blieben und Formen der Interaktion mit den neuen Herren fanden.

Viele neue Facetten hatten sich ausgebildet, die teils auf Alexander zurückgingen, sich teils aber auch pragmatisch entwickelten: die Konstituierung von Höfen, Residenzstädten und „Freunden" der Könige, die Schaffung von Verwaltungsstrukturen, die Herausbildung verschiedener Militäreinheiten, die kultische Verehrung von König und Dynastie, die Mobilität ungekannten Ausmaßes zahlloser Griechen, Makedonen und Indigenen von Sizilien bis zum Hindukusch, die Entwicklung zahlreicher Akkulturationsformen – um nur einige zu nennen. Der Kampf um das Alexanderreich erwies sich in deutlich mehr Bereichen als folgenreich, als man bei einer ausschließlichen Konzentration auf das Militärisch-Politische denken würde.

Gregor Weber lehrt Alte Geschichte an der Universität Augsburg und ist spezialisiert auf die Geschichte des Hellenismus sowie auf Träume und Visionen in der Antike und deren Rezeption.

Zur Alexander-Rezeption

Pedro Barceló

Kaum eine andere Szene aus dem Leben Alexanders vermag die bald nach seinem Tod einsetzende Rezeption seiner Persönlichkeit so eindringlich einzufangen wie eine aus mehr als drei Millionen Mosaiksteinchen zusammengesetzte Abbildung, die im August des Jahres 79 n. Chr. durch den Ausbruch des Vesuv konserviert wurde und im Oktober 1831 bei Ausgrabungen in Pompeji in der Casa del Fauno zum Vorschein kam. Beim Alexandermosaik handelt es sich um eine römische Kopie einer hellenistischen Schlachtkomposition. Sie dürfte die Wiedergabe eines Gemäldes sein, das von Philoxenes aus Eretreia wohl noch zu Lebzeiten Alexanders oder unmittelbar nach seinem Tod im Auftrag des Diadochen Kassander geschaffen wurde.

Alexandermosaik – Inszenierung der Macht

Im Vordergrund des Schlachtgetümmels, am linken Bildrand, befindet sich Alexander mit seinem Pferd Bukephalos. Sein vornehmer Rang wird durch das langärmlige Gewand angedeutet, über dem ein reich verzierter Panzer mit einem Gorgonenhaupt den Körper schützt. Er prescht barhäuptig den feindlichen Reihen entgegen, während seine Mitkämpfer behelmt auftreten. Markante Körpermerkmale werden nicht retuschiert, sondern betont. Sie verwandeln sich zur ikonografischen Chiffre des Abgebildeten, der durch seine Jugendlichkeit besticht. In ihr verbindet sich das aristokratische Schönheitsideal mit der Individualität des Machtmenschen. Bemerkenswert ist das lange, lockige Haar, das die Vorwärtsbewegung des Hauptakteurs unterstreicht und damit die Wirkung seiner Aktionen verstärkt. Besonders auffallend sind die übergroß gestalteten Augen. Sie offenbaren eine Persönlichkeit, die hohe Ziele anstrebt, indem sie ihren Blick entschlossen in die Ferne richtet.

Im zweiten Brennpunkt des Gemäldes agiert der persische König Dareios III. Er trägt ein purpurnes Kleid mit weißem Mittelstreifen, umsäumt von goldenen Sternen. Sein Haupt bedeckt eine Tiara, das persische Analogon zum Diadem. Goldene Schmuck-

Kaum eine andere Szene aus dem Leben Alexanders ist bekannter: Das berühmte Mosaik der „Alexanderschlacht" bei Issos 333 v. Chr. aus der Casa del Fauno in Pompeji.

Der sogenannte Alexandersarkophag (Seite A), gefunden in Sidon, heute im Archäologischen Museum in Istanbul.

reifen verweisen auf die Würde des auf einem prächtigen Streitwagen kämpfenden Herrschers. Wie bei Alexander fällt auch bei Dareios die individuelle Gestaltung seiner Physiognomie auf, in der sich abzeichnet, wie die Erkenntnis über die sich anbahnende Niederlage dem Schrecken über die unmittelbare Bedrohung durch den heranpreschenden König der Makedonen weicht. Die Gefährlichkeit der Lage wird durch die aufopferungsvollen Schutzaktionen persischer Krieger rund um den Wagen des Königs betont. Sie richten ihren Blick sorgenvoll auf Dareios und bekräftigen damit die Dramatik der Situation.

Gleichgültig um welche Schlacht es sich hier handelt, Issos (333 v. Chr.) oder Gaugamela (331 v. Chr.), wichtig ist, dass die Entscheidung zwischen Makedonen und Persern als agonale Konfrontation zweier Machthaber um die Herrschaft erscheint. Unmittelbar fassbar wird der Gegensatz zwischen Alexanders zielgerichteter Angriffsspitze und den chaotischen Auflösungserscheinungen um Dareios. Daher wird die individualisierte Sichtweise durch Heraushebung der Protagonisten verstärkt: die Gesichtszeichnung,

Ausschnitt (links) mit dem angreifenden Alexander.

die Körperhaltung und die aufeinander bezogenen Gesten. Sämtliche bewusst akzentuierten Merkmale sind kein schmückendes Beiwerk; sie erschließen uns das Verständnis der Gesamtkomposition. Alexanders Helmlosigkeit kontrastiert mit Dareios' Tiara. Während dieser hoch aufgerichtet auf seinen umso tieferen Fall wartet, kämpft jener in gleicher Linie mit seinen Gefährten.

Der Künstler wollte Alexander unter Aussparung auffälliger Herrschaftsattribute abbilden. Die beabsichtigte Bescheidenheit sollte den Makedonen vom zwar prunkvoll auftrumpfenden, in der Schlacht hingegen kläglich versagenden Perserkönig abheben. Ausschlaggebend für das Charakterbild des Siegers sind nicht die äußeren Insignien der Macht, vielmehr erkennbar wird er durch Positur, Haartracht, Fernblick und Jugendlichkeit. Die Summe dieser Elemente wird für ihn identitätsstiftender als Diadem und Zepter. Zwar lässt sich mithilfe der akribisch ausgearbeiteten Details eine ungewöhnliche Gestalt formen, deren hervorstechende Attribute ein Bild gebündelter Energie und Singularität ergeben – doch kommt dies dem historischen Alexander wirklich nahe, oder fassen wir hier nicht lediglich sein Abbild, sein Konterfei, seine inszenierte Idealisierung?

Angesichts der verschollenen Primärüberlieferung muss die Suche nach dem historisch erfahrbaren Kern Stückwerk bleiben. Darüber hinaus läuft sie Gefahr, zu einem Dokument unserer eigenen Zeit zu geraten, das sich aus einer Kombination von Reflexionen späterer Autoren wie Diodor, Plutarch, Curtius Rufus, Arrian oder Justin zusammensetzt, die im günstigsten Falle auf Originalberichte des Kallisthenes, Ptolemaios, Aristobul oder Nearchos zurückgehen, im ungünstigsten Fall aber Legenden wiedergeben, die nur mittels quellenkritischer Forschung und der eigenen Imagination zurechtgerückt, aber nie gänzlich entschlüsselt werden können. Wie kann es angesichts dieses Tatbestands gelingen, sich der Sogkraft einer Rezeptionsgeschichte zu entziehen, die durch Verformungen, Interpolationen, Brüche und Glättungen bestimmt ist? Zumal Alexander derartig unterschiedliche und widersprüchliche Assoziationen wachruft, dass es unmöglich scheint, objektive Kriterien für eine sachgerechte historische Deutung zu gewinnen. Hinzu kommt, dass er zu jenen Grenzgängern zählt, die sich jeder Vereinnahmung entziehen. Gehörte er dem Okzident oder dem Orient? Wer kann ihn schon ganz für sich beanspruchen?

Die Rückseite (Seite B) des Alexandersarkophags.

Der Sarkophag des Abdalonymos

Einer der ersten, der sich in der Nachahmung Alexanders sonnte, um damit seine eigene Stellung zu legitimieren, war ein gewisser Abdalonymos, der wegen seiner treuen Verdienste von Alexanders General Hephaistion in dessen Auftrag als Herr über Sidon eingesetzt wurde. Dieser sidonische Potentat gab einen mit Alexanders Taten geschmückten Sarkophag als letzte Ruhestätte für sich selbst in Auftrag. Da nun die Schlacht von Issos den Schlüssel für dessen politische Stellung darstellte, erscheint es plausibel, das Relief der Langseite A mit lssos gleichzusetzen. Unübersehbar sind dabei die thematischen und stilistischen Anleihen, die sich der Künstler vom Bildnis der Alexanderschlacht, dem Original des Alexandermosaiks, geholt hat. Alexander erscheint hier beritten auf einem sich aufbäumenden Pferd. Von links heranpreschend rollt er die Reihe der Feinde auf: Die Stoßrichtung seiner Rechten, die ursprünglich wohl eine Lanze führte, bohrt sich in ein chaotisches Gemenge von Gegnern, welche nahezu die gesamte Längsseite des Sarkophags einnehmen. Alexander kämpft hier, im Unterschied zum Alexandermosaik, ohne Panzer. Er trägt einen Löwenhelm. Damit wird Herakles als Ahnherr des makedonischen Königshauses in Anspruch genommen. Auf diese Art entwickelt sich dieses Attribut zu einem beliebten Symbol hellenistischer Herrscherdarstellung. Die Potentaten dieser Epoche, die ihre Macht durch Bezugnahme auf Alexander rechtfertigten, stellten sich so in eine leicht erkennbare mythologische Kontinuität.

Vergleicht man dieses Relief mit dem Alexandermosaik, so fällt auf, dass unrealistische Züge nun vermehrt auftreten, obwohl die Detailtreue in der ethnischen Differenzierung zwischen Griechen und Nichtgriechen keinesfalls vernachlässigt wurde. Die Kunsthistoriker erklären dies damit, dass griechische und orientalische Kunstauffassungen zu einer Art Reichskunst verschmolzen, die immer stärker, dem Zeitgeschmack des Orients und der Heroisierung des verstorbenen Königs entsprechend, die realistische Darstellungsweise zurückdrängten. Im Relief der gegenüberliegenden Langseite (B) wird eine Löwenhatz wiedergegeben, also eine königliche Repräsentationsveranstaltung, anlässlich des Aufenthalts Alexanders in Sidon. Es handelt sich offenbar um eine Jagdszene, bei der Abdalonymos von einem Löwen angefallen wurde. Zwei Makedonen sprangen in die Bresche und retteten ihm das Leben. Dabei wird der Reiter hinter dem Grabherrn aufgrund des Ansatzes eines Diadems als Alexander gedeutet.

Der Erbe der Achämeniden

Doch nun gilt es, sich dem realen Alexander zuzuwenden und sein Grenzgängertum zwischen Historie und Mythos genauer zu verfolgen: Seine Odyssee hatte etwa elf Jahre gedauert (334–323 v. Chr.). Daher zeigt das Fundament für seine Beurteilung eine auffällige Disproportion zwischen Raum und Zeit als Rahmenbedingungen einer politischen Biografie, die sich durch ungewöhnliche Gedrängtheit und Dichte auszeichnet. Dass er als titanische Persönlichkeit in Erinnerung blieb, unterstreicht die Außergewöhnlichkeit eines Lebenswegs, um den sich schon früh Mythen rankten.

Es begann mit dem Feldzug gegen das Achämenidenreich. Nach den Anfangserfolgen überwucherten die ersten legendären Züge die historisch erfahrbaren Stationen seiner asiatischen Expedition. Schon nach der Landung am Hellespont, bei der er im Gewand des Achilleus zur Befreiung der ionischen Griechen vom persischen Joch aufrief, zerstreute er jedweden Verdacht, dass er einen gewöhnlichen Beutefeldzug im Sinne hatte. Zahlreiche Inszenierungen wie der Speerwurf in den asiatischen Boden, das Opfer in Aulis, der Besuch in Troia oder die Ehrungen am Grab des Achilleus knüpften an mythologisch konnotierte Episoden an, mit denen er die Schirmherrschaft der vor Troia kämpfenden griechischen Heerführer für seine Aktionen reklamierte. Seine mit vielen Fragezeichen versehene Unternehmung sollte an die homerischen Helden erinnern und damit den Mythos einer glorreichen Vergangenheit in den Dienst einer ungewissen Zukunft stellen.

Die erste Feldzugsphase, die anders als es die nachträglich geglätteten Quellenzeugnisse nahelegen, den jugendlichen König an den Rand des Misserfolgs brachte, stand unter der Ägide einer panhellenischen Ideologie, als deren Vollstrecker er sich vor der griechischen Öffentlichkeit in Szene setzte. Nach dem Sieg bei Issos (333 v. Chr.) weigerte sich Alexander, auf Dareios' Vorschlag einer Reichsteilung einzugehen. Mit der selbstbewussten Ablehnung eines Verständigungsfriedens unterstrich er seine Ambiti-

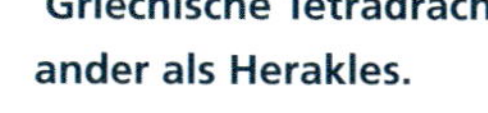

Griechische Tetradrachme: Alexander als Herakles.

onen auf den asiatischen Kontinent. In seinen Plänen
war kein Platz für ein nach dem Vorbild seines Vaters Philipp II. gestaltetes Großmakedonien. Alexanders Ziele waren ehrgeiziger. Die Umrisse einer Uni-
versalherrschaft, die Orient und Okzident zugleich
umfasste, erschienen erstmalig am Horizont. Um das
hochgesteckte Ziel zu verwirklichen, setzte er seine
hervorragend ausgebildete Armee und damit Makedoniens Schicksal immer wieder aufs Spiel.

Mit der Eroberung Ägyptens und der Krönung
zum Pharao war Alexander seiner makedonischen
Heimat weit entrückt. Von Bedeutung war sein Besuch im Heiligtum des Zeus-Ammon in der Oase Siwa, wo er eine Bestätigung seiner göttlichen Abstammung erhalten haben soll. Hervorzuheben ist
die fortwährende propagandistische Absicherung seiner vielfältigen Herrschaftsansprüche durch sakra-
le Handlungen und religiöse Motive: Eine Kette von
Prophetien und Prodigien sollte die Konformität der
Götter mit seinen diversen Vorhaben zum Ausdruck
bringen und zugleich seine Gefolgschaft anspornen.
Einen besonderen Stellenwert nahm Zeus-Ammon
ein. Alexander, der sich als sein Abkömmling stilisierte, wurde immer mehr auch so wahrgenommen.
Seine öffentlich zur Schau getragene Verbundenheit
mit den auf seiner Wanderschaft liegenden Orten, die
eine Beziehung zu den bis ans Ende der Welt rei-
senden Herakles oder Dionysos aufwiesen, verstärk-
te diese Identifizierungstendenzen.

Sein unstillbares Verlangen nach Ruhm und
Macht erhielt unmittelbar nach der definitiven Niederlage seines Gegners Dareios (331 v. Chr.) die er-
sehnte Bestätigung, als er noch auf dem Schlachtfeld von Gaugamela vom siegreichen Heer zum
König von Asien proklamiert wurde, womit sich ein
kontinentaler Herrschaftsanspruch ankündigte. Nach
seinem triumphalen Einzug in Babylon nahm er die
Königsresidenzen in Besitz und erfüllte sich einen Le-
benstraum, indem er in Susa auf dem Thron der Achämeniden Platz nahm. Die Brandschatzung des Palasts von Persepolis war der Höhepunkt des Feldzugs
und zugleich ein bewusst gesetztes Zeichen, welches
das Ende des Rachekrieges signalisierte. Denn unmittelbar darauf beeilte er sich, das Grab des Dynastiegründers Kyros in Pasargadai zu restaurieren, um dem
Schöpfer des Perserreiches seine Ehrerbietung zu erweisen. Der Makedonenkönig nahm ihn in Anspruch,
womit Kyros zum Vorgänger des jugendlichen Welteroberers aufrückte. Die Aufbietung dieser Gründeri-
kone verkündete eine unmissverständliche Botschaft:
Dareios war es nicht wert, in seine Fußstapfen zu tre-

**Der Diadoche
Seleukos Nikator.**

ten. Nur Alexander erwies sich kraft seiner Leistungen als der würdige Nachfolger des Reichsgründers.

Nach der Beseitigung des Dareios übernahm Alexander die Hofhaltung der Achämeniden. Er kleidete
sich persisch und ließ sich mittels der Proskynese begrüßen. Die Opposition der Makedonen war unüber-
hörbar, und so kam es zu Loyalitätskrisen. Alexander
reagierte darauf erbarmungslos, indem er zunächst
Philotas und seinen Vater Parmenion beseitigen ließ.
Die Missstimmung wuchs. Sie brach sich in Mara-
kanda Bahn, als Alexander seinen Gefährten Kleitos eigenhändig tötete, was allerdings eine persönliche Krise bei ihm auslöste. Kurz darauf weigerte sich
ein Teil seines makedonischen Gefolges, von Kallisthenes angestiftet, die Proskynese zu vollziehen. Der
König hat dies nicht vergessen und sich anlässlich
der Pagenverschwörung Kallisthenes' entledigt. Die
Opposition richtete sich nicht nur gegen Alexanders zunehmend autokratisches Gebaren, sondern war
zugleich Ausdruck der Unzulänglichkeiten des Feldzugs, der im ostiranischen Raum in eine Sackgasse
zu geraten drohte. Eine Reihe von Rückschlägen un-
terminierte die Autorität des Königs, der darauf mit
Brutalität reagierte. Die Unzufriedenheit des makedonischen Kriegeradels blieb und meldete sich anlässlich der kritischen Etappen des Feldzuges wieder-

Alexanders Erfolge beruhten auf der Ausschöpfung des Potenzials der makedonischen Kriegerelite in Verbindung mit seiner eigenen Besessenheit. Sie schufen einen Präzedenzfall. Indem sie die Verwundbarkeit sowie die Veränderbarkeit der vorherrschenden politischen Verhältnisse schonungslos aufdeckten, eröffneten sie die Möglichkeit zur Bildung neuer Synthesen. Eines ihrer folgenreichsten Ergebnisse war die Entstehung eines gewandelten Raumhorizonts. Die Kleingliedrigkeit der griechischen Poliswelt, die Regionalität der makedonischen Stammesherrschaft, die Abgeschlossenheit der asiatischen Landmasse des Achämenidenreichs wurden plötzlich aufgebrochen. Daraus gingen eine globalisierte Welt, präzisere Raumvorstellungen, sowie ein tieferes Verständnis für den Zusammenhang zwischen Land und Meer hervor. Die größere Durchlässigkeit zwischen Ost und West, die deutlich verbesserten Kommunikationsformen und ein bisher unbekannter Sinn für Territorialität trugen dazu bei, neuartige Kulturzonen zu schaffen, welche die geltenden geistigen Maßstäbe, sowie die tradierten geopolitischen Dimensionen sprengten.

Bereits während der ersten Phase seines kleinasiatischen Feldzuges, die mit der Einnahme der ionischen Städte einen Abschluss fand, zeichneten sich die späteren Verhaltensmuster Alexanders ab. Anstatt die „befreiten" Städte in den Korinthischen Bund aufzunehmen, verharrten sie unter seiner Befehlsgewalt, so wie sie in der Vergangenheit der Souveränität des Achämenidenkönigs überstellt worden waren. Alexander dachte nicht daran, das makedonische Staatsgebiet durch territoriale Erwerbungen zu vergrößern. Diese wurden ausschließlich auf ihn bezogen. Sein persönliches Regiment trat im Verlauf seiner siegreichen Expeditionen immer deutlicher hervor. Getrieben von unersättlichem Ehrgeiz und beispiellosem Ruhmesstreben wurden die Grenzen seines Handelns nur noch von der Natur gezogen. Niemand forderte Rechenschaft von ihm. Wir erleben die Herausbildung einer einzigartigen individuellen Machtstellung. Ihre Grundlagen waren der gewaltige militärische Erfolg, die daraus resultierenden Ressourcen, die notgedrungene Akzeptanz seiner Herrschaft durch die Besiegten und nicht zuletzt die überaus komplexe Persönlichkeit Alexanders, die Furcht und Bewunderung zugleich hervorrief. Seine Vitalität und Energie, seine im Ertragen von Strapazen unbegrenzte Ausdauer sowie seine geniale Improvisationsfähigkeit und Siegeszuversicht wirkten auf seine Umgebung ansteckend.

holt. Am heftigsten geschah dies 326 v. Chr. bei der erzwungenen Rückkehr am Hyphasis und 324 v. Chr. bei der Meuterei in Opis.

Die Widerstände aus den eigenen Reihen hingen auch mit der künftigen politischen Gestaltung der asiatischen Eroberungen zusammen. Hätten die Perser Griechenland besetzt, was zu Beginn des 5. Jahrhunderts v. Chr. durchaus denkbar schien, wäre es einfach als weitere Satrapie dem Achämenidenreich einverleibt worden. Dazu hätte es keinen Umbau der bestehenden Machtverhältnisse bedurft, sondern lediglich eine Erweiterung des bewährten Herrschaftsbereichs erfordert. Die imperiale Tradition orientalischer Großmächte, deren Erbe die Perser antraten, erleichterte ihnen diese Aufgabe. Demgegenüber stand dem Makedonenkönig kein vergleichbares Modell der territorialen Integration zur Verfügung, um eine derart komplexe Aufgabe zu bewältigen. Dass Alexander auf diese drängende Herausforderung keine Antwort fand, hängt gewiss mit seiner unerwarteten Erfolgssequenz zusammen, die, schneller als gedacht, vollendete Tatsachen schuf. Doch offenbart der Wechsel seiner Parolen und Ziele, die sich dem Verlauf des Feldzugs anpassten, weniger die Verlegenheit des Eroberers, als vielmehr die Strukturschwäche seiner Ausgangsposition.

Auf dem Weg zur Universalmonarchie

Bei aller Hochachtung vor seinen Errungenschaften darf jedoch nicht verdrängt werden, dass sie eine unübersehbare Blutspur hinterließen. Unzählige Menschen wurden Opfer seiner unbezähmbaren Ambitionen. Zwar kündeten glanzvolle Siege, prächtige Bauten und ein Kranz neu entstandener Städte von seiner Wanderung bis zu den Grenzen der damaligen Welt, aber der Preis, der dafür entrichtet werden musste, war hoch. Gewalt, Zerstörung und vielerlei Zumutungen gegenüber seinen Zeitgenossen sind die Wegbegleiter von Alexanders Feldzügen. Angesichts seiner komplexen Persönlichkeitsstruktur wäre es allerdings einseitig, in ihm lediglich einen rohen Kriegsmann zu sehen. Er zeigte sich stets für Wissenschaft und technische Neuerungen interessiert, gab sich gegenüber fremden Lebenswelten überaus aufgeschlossen. Daneben war er ein religiös äußerst beflissener Mensch, der sämtliche Heiligtümer, die auf seinem Weg lagen, aufsuchte und ehrte. Auch ließ er regelmäßig aufwändig ausgestattete athletische, künstlerische und literarische Wettbewerbe veranstalten, bei denen sich sein Heerlager zeitweilig in eine Art Kulturwerkstatt verwandelte. Alexander lässt sich nicht unter einem einzigen Etikett subsumieren.

Für einige verkörperte er die militärischen Tugenden schlechthin. Andere verehrten ihn gar als göttlichen Herrscher. Es gab aber auch welche, die in ihm einen blutrünstigen Autokraten erblickten, rachsüchtig, despotisch und selbstverliebt. Gerade seine brutale Kriegführung in Baktrien und Sogdien, die in Indien noch eine Steigerung erfuhr, bestätigten diese von Unerbittlichkeit und Terror durchtränkte dunkle Seite seines Wesens. Darüber darf seine nachträglich geschönte Charakteristik nicht hinwegtäuschen, wie sie uns etwa bei Plutarch begegnet und stets allgemeine Zustimmung gefunden hat. Gewiss lassen sich manche noblen Züge, welche die Apologeten wie etwa Arrian dem bewunderten Idol zuschreiben, nicht in Abrede stellen. Doch daneben brechen sich immer wieder Egomanie und Grausamkeit Bahn. Alexander ließ niemanden gleichgültig. Die Palette der Wahrnehmungen und Reaktionen, die er hervorrief, ist unüberschaubar.

Unbestreitbar ist, dass niemals zuvor ein Machtmensch so rasch eine derartige weltumspannende Geltung erlangen konnte. Sein Herrschaftsanspruch war universal, weil er einerseits an das Erbe des Orients anknüpfte, wo solche Gedanken zu Hause waren, und weil er andererseits einen unbändigen Willen zur Macht erkennen ließ. Letzterer manifestierte sich in seiner Beharrlichkeit und Ausstrahlung, die trotz selbstverschuldeter Rückschläge wie etwa der Katastrophe in der Gedrosischen Wüste wenig darunter litt. Dennoch konnte sein Charisma nicht verhindern, dass in dem Maße, wie sein Prestige alle herkömmlichen Maßstäbe sprengte, seine institutionelle Stellung labil blieb. Ohne ihn erwies sich das Konzept der universalen Monarchie als bloße Makulatur. Die Zukunft wird vielfältige Formen der Vergegenwärtigung Alexanders erleben. Aber seine politischen Projekte fanden keine Nachahmer. Er entfaltete eine starke Wirkung in seiner unverwechselbaren Individualität, weniger als Staatsmann. Für seine unmittelbaren Nachfolger, die Diadochen, aber auch für Potentaten wie Pyrrhos, Hannibal, Pompeius, Caesar, Antonius oder Trajan und viele andere war er das Vorbild schlechthin.

Die Objekte seiner Siege – Städte, Menschen, Territorien – waren Lohn und Aufgabe zugleich. Der darin liegende Widerspruch, der den Spannungsbogen zwischen der Verfolgung selbst gestellter Ziele und sachgemäßer Verwaltung der erworbenen Länder umriss, konnte zeitweise zwar überspielt, aber nie überwunden werden. Alexanders Tod verschärfte die Situation zusätzlich. Danach trat der Charakter der Fremd-

Gnaeus Pompeius Magnus, zeitgenössische Büste (heute in der Carlsberg Glyptothek, Kopenhagen).

herrschaft im Orient deutlicher als zuvor zum Vorschein. Primär wurde das gewaltsam akquirierte Reich durch die Armee sowie durch die Kooperation einer dazu genötigten persisch-makedonischen Elite zusammengehalten, die ihren politischen und gesellschaftlichen Standort durch ihre Nähe zum König definierte. Nicht ein gewachsenes Zusammengehörigkeitsgefühl oder eine von den meisten Teilvölkern getragene Idee oder ein politisches Programm bildeten die Klammer zwischen den verschiedenen Ethnien und den divergierenden Interessen der Regionen, gemeinsamer Bezugspunkt war und blieb Alexander, genauer: die in seiner Person sich verdichtende Machtfülle. Nicht Freiwilligkeit oder Einsicht, vielmehr Zwang und Einschüchterung bildeten die Grundlagen des heterogenen Staatsgebildes. Es war dies keine langfristig tragfähige, sondern eine durchaus brüchige Basis. Ihre Konsistenz verdankte sie in letzter Instanz dem Geschick Alexanders. Alles hing von ihm ab.

Eine Rückkehr in die Heimat verbunden mit einer Wiederauflage der von Philipp II. vorgezeichneten Regeln königlicher Machtausübung, die Makedonien einst groß gemacht hatten, war für Alexander außerhalb seines Politikverständnisses geraten. Sie wurde auch nicht ernstlich erwogen. Nur von den asiatischen Gravitationszentren Babylon, Susa und Ekbatana aus, die in Äquidistanz zu den weit gespannten Grenzen des Reiches lagen, schien dessen sinnvolle künftige Organisation und Verwaltung möglich. Dass er seiner Jagdleidenschaft in den makedonischen Wäldern wieder frönen könnte, schien ganz unwahrscheinlich. Makedonien, Ausgangspunkt und Machtbasis der politischen Existenz Alexanders, erlebte den schleichenden Verlust der einstigen Sonderstellung. Es spielte zunehmend die Rolle einer ferngesteuerten regionalen Ordnungsmacht, die sich zum Reservoir für Soldaten und Führungspersonal für den Hofstaat des weit entfernt weilenden Königs verwandelte. Das einstige Zentrum verrutschte allmählich an die Peripherie des Geschehens. Stammland und König, Makedonien und Alexander strebten immer weiter auseinander. Die makedonische Generalität der Vielvölkerarmee Alexanders empfand diesen Dualismus als Gefährdung. Wenn von dieser Seite Kritik am Herrscher vernehmbar wurde, so geschah dies meist, um ihn daran zu erinnern, dass er sich von seinen heimatlichen Wurzeln immer mehr entfernte.

Die letzten Entwürfe Alexanders, die ohnehin disparaten Dimensionen seines Reiches durch zusätzliche Erwerbungen zu vergrößern, mögen als unerlässliche Bausteine auf dem Weg zur Universalmonarchie oder gar als Kompensationsstrategien einer zunehmend brüchigen Herrschaft gedeutet werden. Die adligen Weggenossen Alexanders, die Philipps II. Handeln mitgetragen hatten, der Politik stets als realitätsnahe Kunst des Möglichen begriff, hielten seinem Nachfolger mit wachsender Ungeduld mahnend den Spiegel vor. Für Alexander aber bedeutete Politik etwas anderes. Nicht die Anpassung der vorhandenen Möglichkeiten an erreichbare Ziele, sondern scheinbar unerreichbare Ziele mit den vorhandenen Möglichkeiten angehen und bewältigen, das war sein Leitsatz.

Herrscherbilder zwischen Historie und Legende

Dass ihn, wie bei seinem Vorbild Achilleus, der Tod auf dem Höhepunkt seiner Lebenslinie einholte, überrascht kaum. Ein alter, gebrechlicher Alexander erscheint ziemlich unvorstellbar. Er passt nicht in das Portrait des ewig jugendlichen Draufgängers, welches seinen Mythos bereits zu seinen Lebzeiten schuf. Bei der Nachzeichnung dieser Nahtstellen vermischen sich Historie und Legende. Das Ergebnis dieser wechselseitigen Durchdringung entfacht die fortwährende Erneuerung seines Bildes, das bis in die jüngste Gegenwart eine eigentümliche Lebendigkeit bewahrt.

Es waren aber vor allem seine Nachfolger, die sogenannten Diadochen, die für die Wiederbelebung Alexanders am nachhaltigsten gesorgt haben. Denn ihr eigener Ruhm speiste sich aus dem Prestige ihres Anführers: Ein Lichtstrahl seines Glanzes genügte, um das eigene Selbst erstrahlen zu lassen. Daher wird die persönliche Beziehung zum verstorbenen König als Nobilitierung und als Grundlage der eigenen politischen Position angesehen. Ebenso deutlich wird die Absicht, sich mit der Verherrlichung der Taten Alexanders nach dessen Tod weiterzuempfehlen und so die eigene Zukunft abzusichern.

Das Zeitalter Alexanders und der Diadochen brachte für die Darstellungsweise historischer Ereignisse einen Umbruch mit sich. Aristoteles soll beispielsweise dem Künstler Protogenes geraten haben, die Taten Alexanders wegen ihrer unvergänglichen Bedeutung zu malen. Dies setzt ein Wissen um die historische Relevanz bestimmter Personen voraus. Bewusst stellt sich das Individuum in den Ablauf der Geschichte hinein, ja es macht Geschichte und lässt sich so bildlich verewigen: Die Epoche konkretisiert sich im Herrscher, sie wird mit ihm deckungsgleich. Nicht mehr dient nun die politische Denkmalskunst der Selbstvergewisserung einer autonomen Bürgerschaft,

Alexander, in spätmittelalterlicher Rüstung, trifft auf die Amazonen. Aus: La Vraye Histoire du Bon Roy Alixandre.

Schlacht zwischen Alexander und Dareios. Persische Miniatur (16. Jahrhundert) aus dem Khamsa, fünf Gedichten des Nizami.

sondern dem Repräsentationsbedürfnis der Machthaber. Das Bild vom siegreichen Alexander wird zum Paradigma einer neu entstehenden Hofkunst. Ein Beispiel dafür bietet eine Büste des Königs Seleukos Nikator (306 – 281 v. Chr.), die in einer Bronzekopie aus römischer Zeit erhalten ist.

Als Herrscherbild weist die Bronzebüste einige Faktoren aus, die Aufschlüsse über die Wirkung der hellenistischen Porträtkunst liefern, die ohne das Vorbild Alexanders undenkbar wäre. Ein wichtiges Element war das Diadem über dem gelockten Haar, das als zangenförmige Strähnen in Stirn, Schläfen und Nacken herabfällt und ikonografisch an die Haartracht des Makedonenkönigs anknüpft. Ebenso erinnert der Fernblick des Porträtkopfs an die Positur Alexanders. Sie wird im Folgenden ebenfalls stilbil-

dend. Als weiterer Aspekt kommt hinzu, dass, indem seit Alexander das Abbild von herausragenden Individuen planmäßig als bewusstes Mittel der Politik in Umlauf gebracht wurde, eine Pluralität ein und desselben Herrscherbildes entstand, die Gegenwart und Geltung des Dargestellten multiplizierte und so für die Zeitgenossen einen eindeutigen Identifikationsrahmen schuf. Alexanders Vorbildfunktion lässt sich ebenfalls an einer König Ptolemaios II. Philadelphos (283 – 246 v. Chr.) zugeeigneten Reiterstatuette erkennen.

Wir erblicken einen nackten Reiter (das Pferd ist verloren), der eine Elefantenhaut über seine Brust geknotet und über Kopf sowie linken Arm geschwungen hat. Bereits auf Münzprägungen Alexanders finden wir die Elefantenhaut, wie sie fast den gesamten vom Haar umschlossenen Teil des Kopfes verdeckte. Hier wie dort signalisiert der Elefant als Tier des Dionysos, dass der Herrscher, der sich seit Alexander als „Neos Dionysos" begriff, in die göttliche Sphäre eindrang. Damit fand der mythische Überbau des hellenistischen Königtums einen sichtbaren Ausdruck. Im Gesicht dieser Statuette tritt ein alexanderhaftes Aussehen zutage: Fernblick, Jugendlichkeit, gelocktes Haar.

Alexander hatte sich einst der mythischen Gestalt des Herakles bedient, um seinem Persienfeldzug eine besondere kultische Weihe zu verleihen. Hannibal, der bedeutendste Militärstratege seiner Zeit, reihte sich in die Nachfolge Alexanders ein. Auch die Jugendlichkeit des Eroberers war ein Attribut, das eine weitere Parallelisierung beider Persönlichkeiten erlaubte. Hannibal selbst hatte im Alter von 26 Jahren das höchste Militäramt erhalten (221 v. Chr.); daher konnte er sich wie ein neuer Alexander im Licht des Herakles (der im punischen Bereich mit Melkart gleichgesetzt wurde) präsentieren. Beseelt von der magischen Anziehungskraft des legendären Welteroberers trug er eine Statuette des Gottes, die einst Alexander gehört haben soll, ständig bei sich. Wie ein Wirbelsturm in der Manier Alexanders war Hannibal über Italien hinweggefegt. Sein im Jahr 218 v. Chr. eröffneter Feldzug gegen Rom bewegte sich auf der vom Makedonenkönig vorgezeichneten Spur. Die Alexander-Imitatio wurde im westlichen Mittelmeerraum ansteckend. Sie sollte nach und nach die Führungsschichten der römischen Republik erfassen, die einen gewaltigen Drang nach Ruhm und Anerkennung verspürten. Innerhalb dieser weitgehend hellenisierten Elite herrschte ein unaufhörlicher, in der Öffentlichkeit ausgetragener Wettbewerb um Prestige und Macht. Pompeius tat sich darin besonders hervor.

Bei seinem Feldzug gegen Mithridates von Pontus (65 – 63 v. Chr.) vermochte er in den Besitz eines Mantels zu gelangen, den Alexander getragen haben soll. Das wertvolle Beutestück wurde voller Stolz anlässlich des Triumphzugs des Pompeius in Rom der erstaunten Öffentlichkeit präsentiert. Der ehrgeizige Pompeius, dessen Beiname „der Große" an Alexander erinnerte, gibt Zeugnis von der ungebrochenen Bewunderung, die Alexander innerhalb der römischen Militärzirkel genoss. Mehrere römische Imperatoren werden sich in der Folgezeit propagandistisch in Alexanders Nachfolge stellen. Sie verglichen sich mit ihm und waren bestrebt, sich ihm anzugleichen, beziehungsweise seine Erfolge im Osten zu wiederholen. Dabei steigerte sich die Bewunderung für Alexander in den meisten Fällen zu einer demonstrativen Nachahmung von Äußerlichkeiten. Dennoch lässt sich ein Wandel in der Wahrnehmung Alexanders beobachten. Hatten bisher personenbezogene stilistische Merkmale und spezifische Charakterzüge die Vereinnahmung Alexanders zwecks Herrschaftslegitimation bestimmt, so änderte sich allmählich die Blickrichtung seiner Instrumentalisierung. Die Rezeption des unvergleichlichen makedonischen Grenzgängers erscheint zunehmend als Verkörperung und Erfüllung eines aristokratischen Ideals. Zu den Verehrern und Nachahmern Alexanders zählten insbesondere Trajan (98 – 117), Caracalla (211 – 217), Julian (360 – 363) sowie zahlreiche byzantinische Kaiser.

Metamorphosen eines Mythos

Im gesamten Mittelalter blieb das Interesse an Alexander ungebrochen. Das aus der Antike überlieferte Alexanderbild erlebte jedoch eine gründliche Umdeutung, die bis zur Verformung seiner Persönlichkeit ging. Er wurde den Bedürfnissen der Zeit immer wieder angepasst, womit sich eine Verwandlung zu einer Sagengestalt vollzog. Mal erschien er als vorbildlicher Christ, als edler Ritter, als idealer König oder als wunderliche oder gar dämonische Gestalt. So hat etwa Petrarca (14. Jahrhundert) ihn in seiner Auflistung der berühmten Männer der Vergangenheit in Anlehnung an den Alexanderroman des Curtius Rufus kritisch dargestellt. Ebenso stellt der Geistliche Berthold von Regensburg (13. Jahrhundert) Alexanders legendären Himmelsflug als Symbol für frevelhaften Übermut dar. Insgesamt aber überwog die bewundernde Hervorhebung seiner Errungenschaften. Minnesänger wie Walther von der Vogelweide (12./13. Jahrhundert) oder Hartmann von Aue (12./13. Jahrhundert) erblickten in Alexander die Verkörperung der Freigebigkeit und Ritterlichkeit. Zahlreiche bildliche Darstellungen, Miniaturen, Bildillustrationen und Gemälde haben als Zeugnisse der materiellen Kultur sein Andenken bewahrt und es von Generation zu Generation weiter tradiert. Die deutschsprachige Alexandersage setzte um die Mitte des 12. Jahrhunderts mit dem Alexanderlied des Pfaffen Lamprecht ein. Sie fand im 13. Jahrhundert im Epos *Alexander* des Rudolf von Ems eine Fortsetzung. Seit dem späten 12. Jahrhundert war bereits der altfranzösische Alexanderroman im Stil der *Chanson de geste* weit verbreitet. Das Epos schilderte Alexanders Lebensweg, angereichert durch frei erfundene Personen

Der aufgebahrte Sarg Alexanders. Persische Miniatur (um 1330) aus dem Schahname, dem Buch der Könige des Dichters Abū ’l-Qāsim Firdausī.

Die monumentale Reiterstatue Alexanders auf einer Säule auf dem Plostad Makedonija, dem Makedonischen Platz in Skopje, der Hauptstadt Nordmazedoniens.

Domenico Scolari aus der ersten Hälfte des 14. Jahrhunderts, machte aus seinem Helden einen vorbildlichen Christen, der Frieden und Gerechtigkeit stiftete.

Große Beachtung fand die Alexanderrezeption im Orient. Besonders im arabischen, persischen, indischen und türkischen Kulturkreis blieb sein Andenken bis zum heutigen Tag lebendig, wo er unter den Namen Iskander, Sikandar oder Eskander zum Stoff einer reichhaltigen Dichtung und schon früh einsetzenden Legenden wurde. Für den persischen Dichter Firdausi, der zwischen dem 10. und 11. Jahrhundert lebte, galt Alexander als römischer Imperator und Christ zugleich, der unter dem Kreuzeszeichen kämpfte. Offenbar fand hier eine Assimilation Alexanders mit den byzantinischen Kaisern statt, die im orientalischen Bewusstsein als Paladine der Christenheit agierten. Dessen ungeachtet erfuhr die Vereinnahmung seiner Person weitere Steigerungen. Alexander rückte familiär in die Nähe des persischen Herrscherhauses. Er soll ein Halbbruder des Königs Dareios gewesen sein, wodurch seine Orientexpedition den Charakter eines Bruderzwistes innerhalb der persischen Dynastie erhielt: Der christliche Alexander mutierte zum Perser. Gegen Ende des 12. Jahrhunderts erlebte Alexander im Werk des persischen Dichters Nezami die nächste Metamorphose: Der mythische Held verwandelte sich zu einem frommen Moslem, der die altpersische zoroastrische Religion beseitigte und damit den Weg für die Ausbreitung des Islam ebnete. Im Übrigen soll er im Osten nicht nur Indien, sondern auch China und im Westen Spanien erobert haben. In der Vereinnahmung Alexanders durch die persische Zivilisation manifestierte sich eine Kultursymbiose, die ein Bedürfnis nach nationaler Identität und religiöser Vergewisserung erfüllte.

Die Rezeption Alexanders in Dichtung, Bildender Kunst und Musik der beginnenden Moderne ist beträchtlich. Die Anzahl der Belege ist unübersehbar. So schuf etwa 1528/29 Albrecht Altdorfer sein berühmtes Werk *Die Alexanderschlacht*, ein Gemälde, das an Dramaturgie kaum zu überbieten ist. Gleichzeitig bot Alexander reichlich Stoff für die individuelle Fantasie und eine im Lichte seines Wirkens angestrebte Weltdeutung. Diese Spur lässt sich in den meisten europäischen Kulturen vom Humanismus bis zur Gegenwart verfolgen. Im Jahr 1558 erschien eine Tragödie von Hans Sachs über Alexander, die in sieben Akten die Geschicke des mythischen Helden darstellt. Erwähnenswert wäre ebenfalls eine von Lope de Vega zu Beginn des 17. Jahrhunderts verfasste Tragikomödie *Las grandezas de Alejandro*. Danach

und legendäre Begebenheiten. Darin wird er als ein standesbewusster, ritterlicher Lehnsherr des Mittelalters präsentiert, der sich durch Heldentum und Großmut auszeichnete. Neben epischen Passagen, besonders bei der Beschreibung von Kampfszenen, finden sich romanhafte Einschübe voller wundersamer Fantasie. Im 13. Jahrhundert erschien das Werk eines unbekannten Verfassers: *El libro de Alexandre*, die umfangreichste epische Dichtung spanischer Sprache, die ein gebildeter Geistlicher schuf, der dem Leser die vorbildliche Tugendhaftigkeit Alexanders vor Augen führen sollte. Die älteste erhaltene italienische Alexanderdichtung, die *Istoria Alexandri regis* von folgten zahlreiche Bühnenstücke. Am bekanntesten war Jean Baptiste Racines Werk *Alexandre le Grand* (1665). Besonders intensiv gestaltete sich die Rezeption Alexanders in Italien. Antonio Cesti komponierte die Oper *Alessandro vincitor di se stesso* und Francesco Lucio das Musikdrama *Gl'amori di Alessandro Magno e di Rossane* (1651); zahlreiche Nachfolgewerke folgten. Etwa Georg Friedrich Händels Opus über Alexander, das 1726 in London uraufgeführt wurde. Christoph Willibald Gluck vertonte Elemente des Alexanderstoffs sowohl in seiner Oper *Poro, Alessandro nell'India* Turin 1744), als auch in dem Ballett *Alessandro*. John Dryden dichtete 1692 die Ode *Alexander's Feast*, welche die Basis für das Libretto des 1736 entstandenen gleichnamigen Oratoriums von Georg Friedrich Händel bildete.

Das vielleicht skurrilste Beispiel einer Vereinnahmung Alexanders, das sich in unserer Gegenwart zugetragen hat, gleicht eher einer Posse, als eine unaufgeregt ausgetragene Kontroverse um das zivilisatorische Erbe der Antike. Seit der Unabhängigkeitserklärung der früheren jugoslawischen Teilrepublik Mazedonien, der heutigen Republik Nordmazedonien im Jahr 1991, versuchte die neue Nation an die Tradition des antiken Makedoniens anzuknüpfen. Der aus dem jugoslawischen Bürgerkrieg hervorgegangene Staat erachtete die Aura Alexanders als einen wesentlichen Aspekt seiner nationalen Daseinsberechtigung. Von offizieller Seite wurde eine ethnische und kulturelle Kontinuitätslinie zwischen dem antiken Makedonien und der ehemals jugoslawischen Teilrepublik postuliert, die wesentliche Bereiche des öffentlichen Lebens umfasste. In diesem Sinne wurde zur Popularisierung Alexanders aufgerufen, was sich unter anderem in der Errichtung von Alexander-Denkmälern und in der Umbenennung von Straßen und Plätzen überall im Lande äußerte.

Der Namensstreit um Alexander und Makedonien entwickelte sich zu einem regelrechten Kulturkampf um Fragen der Zuordnung der antiken Vergangenheit sowie der ideologischen Grundlegung der nationalen Identität. Ebenso viele Irritationen löste eine im Jahr 2011 errichtete gigantomanische, ästhetisch umstrittene Reiterstatue Alexanders auf einem über zehn Meter hohen Sockel im Zentrum von Skopje aus. Griechenland wies die Berufung auf eine kulturelle Übereinstimmung zwischen dem antiken Stammland Alexanders und der neuentstandenen Republik Nordmazedonien energisch zurück. Die ostentativ inszenierte Alexandermanie durch die Behörden von Skopje erachtete die Regierung in Athen als unannehmbare Provokation, weil sie die mit Alexander verbundene Tradition als Teil der griechischen Kultur in Frage stellte. Die Angelegenheit drohte zeitweise zu einer veritablen Schlammschlacht abzugleiten. Sie hätte es aber verdient, aus nordmazedonischer Perspektive mit größerer Sensibilität und auf griechischer Seite mit mehr Gelassenheit behandelt zu werden. Kein anderes Beispiel vermag die Aktualität der Alexanderrezeption lebhafter zu illustrieren als dieses hitzige Tauziehen um das Erbe des antiken Welteroberers.

Pedro Barceló war bis zu seiner Emeritierung Professor für Alte Geschichte an der Universität Potsdam. Er ist korrespondierendes Mitglied der Real Academia de la Historia in Madrid und legte bedeutende Monographien u. a. zu Hannibal, Karthago, Alexander dem Großen (2007) und dem Römischen Reich in der Spätantike vor.

Literatur

Philipp II. und der Aufstieg der Makedonen

Robert M. Errington, Geschichte Makedoniens. Von den Anfängen bis zum Untergang des Königreiches. München 1986.

Jörg Fündling, Philipp II. von Makedonien. Darmstadt 2014.

Nicholas G. L. Hammond / G. T. Griffith / Frank Walbank, A History of Macedonia. (3 Bände.) Oxford 1972 – 1988.

Sabine Müller, Die Argeaden. Geschichte Makedoniens bis zum Zeitalter Alexanders des Großen. Paderborn 2016.

Joseph Roisman / Ian Worthington (Hrsg.), A Companion to Ancient Macedonia. Oxford 2010.

Ian Worthington, Philip II of Macedonia. New Haven 2008.

Der ungewöhnliche Weg auf den Thron

Plutarchs Biographie Alexanders ist in verschiedenen Übersetzungen greifbar; am preiswertesten sind: Alexander: Der Eroberer (Beck'sche Reihe), München 2008 oder Plutarch: Alexander, Stuttgart 2014.

Elizabeth Carney, Olympias, Mother of Alexander the Great, New York – London 2006.

Elizabeth Carney/Daniel Ogden (Hrsg.), Philip II and Alexander the Great: Father and Son, Lives and Afterlives, Oxford 2010.

Alexander Demandt, Alexander der Große. Leben und Legende, München 2009, Tb. 2013.

Robin Lane Fox, Alexander der Große, Stuttgart 2004. (Original 1973)

Daniel Ogden, Alexander the Great. Myth, Genesis and Sexuality, Liverpool 2011.

Hans-Ulrich Wiemer, Alexander der Große. 2. Auflage, München 2015.

Die ewigen Feinde der Griechen?

Pierre Briant, From Cyrus to Alexander, A History of the Persian Empire, Winona Lake 2002.

Julian Degen, Alexander III. zwischen Ost und West. Indigene Traditionen und Herrschaftsinszenierung im makedonischen Weltimperium (Oriens et Occidens 39), Stuttgart 2022.

Jörg Fündling, Philipp II. von Makedonien, Darmstadt 2014.

Hilmar Klinkott, Xerxes – Der Großkönig in Griechenland, Stuttgart 2023.

Klaus Meister, Die Ungeschichtlichkeit des Kalliasfriedens und deren historische Folgen, Stuttgart 1982.

Robert Rollinger, Empires, Borders, and Ideology, in: B. Jacobs, R. Rollinger (eds.), A Companion to the Achaemenid Persian Empire I, Hoboken 2021.

Pierre Debord, L'Asie Mineure au Ive siècle 412 – 323 a. C.), Bordeaux 1999.

Hilmar Klinkott, Xerxes – Der Großkönig in Griechenland, Stuttgart 2023.

Issos, Syrien und Ägypten

Manfred Clauss, Alexandria. Schicksale einer antiken Weltstadt, Stuttgart 2003.

Stephen English, Alexander der Große und seine Armee, Stuttgart 2010.

Sabine Müller, Alexander der Große. Eroberung – Politik – Rezeption, Stuttgart 2019.

Michael Sommer, Die Phönizier. Handelsherren zwischen Orient und Okzident, Stuttgart 2005.

Ruth Steppard, Alexander der Große und seine Feldzüge, Stuttgart 2008.

Die Eroberung eines Weltreichs

Pierre Briant, From Cyrus to Alexander: A History of the Persian Empire, Winona Lake, Ind. 2002.

Johannes Hahn, Alexander in Indien 327 – 325 v. Chr. Antike Zeugnisse, eingeleitet, übersetzt und erläutert (= Fremde Kulturen in alten Berichten. Band 8), Stuttgart 2002.

Jakob Wassermann, Alexander in Babylon, Berlin 1905 (Roman, aber hervorragend und sehr zu empfehlen).

Josef Wiesehöfer, Das antike Persien. Von 550 v. Chr. bis 650 n. Chr, Zürich 1993.

Der Sonne entgegen

C. Antonetti / P. Biagi (Hrsg.), With Alexander in India and Central Asia. Moving East and Back to West, Oxford 2017.

A. Dihle, Indien, in: Reallexikon für Antike und Christentum 18 (1998), S. 1 – 56.

A. Dihle, Die Griechen und die Fremden, München 1994.

J. Hahn, Alexander in Indien 327 – 325 v. Chr. (Fremde Kulturen in alten Berichten Bd. 8), Stuttgart 2000.

S. Hansen / A. Wieczorek / M. Tellenbach (Hrsg.), Alexander der Große und die Öffnung der Welt. Asiens Kulturen im Wandel, Regensburg 2009.

A. Stein, On Alexander's Track to the Indus. Personal Narrative of Explorations on the North-West Frontier of India, London 1929.

R. Stoneman, The Greek Experience of India. From Alexander to the Indo-Greeks, Princeton 2019.

Strasburger, H., Alexanders Zug durch die Gedrosische Wüste. Hermes 80 (1952), S. 456 – 493.

Alexander als Wegbereiter des Hellenismus

Julian Degen, Alexander III. zwischen Ost und West. Indigene Traditionen und Herrschaftsinszenierung im makedonischen Weltimperium (Oriens et Occidens 39), Stuttgart 2022.

Gregor Weber (Hrsg.), Kulturgeschichte des Hellenismus. Von Alexander dem Großen bis Kleopatra, Stuttgart 2007.

Der Tod in Babylon
und das Rätsel um das Alexandergrab

A. B. Bosworth, The Death of Alexander the Great. Rumour and Propaganda, in: The Classical Quarterly 21 (1), 1971, S. 112 – 136.

Andrew Michael Cugg, The Quest for the Tomb of Alexander the Great, 2019[3].

Andrew Erskine, Life after Death. Alexandria and the Body of Alexander, in: Greece & Rome 49, 2002, S. 163 – 179.

Daniel Ogden, Alexander and Africa (332 – 331 BC and beyond). The facts, the traditions and the problems, in: Acta Classica, 2014, S. 1 – 37.

Olaf B. Rader, Grab und Herrschaft. Politischer Totenkult von Alexander dem Großen bis Lenin, München 2003.

Die Zeit der Diadochen

V. Alonso Troncoso, After Alexander. The Time of the Diadochi (323 – 281 BC), Oxford (u. a.) 2013.

E. Anson, Alexander's Heirs. The Age of the Successors, Malden, Mass. 2014.

C. Bearzot/F. Landucci (Hg.), Alexander's Legacy, Rom 2016.

H. Hauben/A. Meeus (Hg.), The Age of the Successors and the Creation of the Hellenistic Kingdoms (323 – 276 B.C.), Leuven 2014.

C. Mileta, Die Diadochen – Alexanders Heerführer und ihre Auseinandersetzungen um das verbliebene Weltreich, in: Antike Welt (2013), 2, 22 – 26

J. Seibert, Das Zeitalter der Diadochen, Darmstadt 1983.

M. Sommer, In großen Schuhen. Die Diadochen und der gordische Knoten der Nachfolge, in: H.-U. Cain (Hg.) Hellenismus, Darmstadt 2012, 25 – 40.

Ewiger Mythos

Jan Cölln, Alexander der Große in Europa und Asien. Mythisierung von Geschichte und ihre Präsenz nach dem Ersten Weltkrieg, in: Antike und Abendland 52 (2006) 183 – 207.

Hans-Ulrich Wiemer, Hero, God or Tyrant? Alexander the Great in the Early Hellenistic Period, in: Hennig Börm (Hrsg.), Anti-monarchic Discourse in Antiquity, Stuttgart 2015, 85 – 112.

Klaus Wessel, u. a., Alexander der Große in Kunst und Literatur, Lexikon des Mittelalters 1, München/Zürich 1980, 354 – 366.

Josef Wiesehöfer, Zum Nachleben von Achaimeniden und Alexander im Iran, in: H. Sancisi-Weerdenburg, u. a. (Hg.), Achaemenid History VIII. Continuity and Chance, Leiden 1994, 389 – 397.

Der Neue Pauly, s.v. Alexander, Suppl. 8, 2013, Sp. 17 – 58.